Rudolf Zukal · Dr. Stanislav Frank

Balzspiele im Aquarium

Rudolf Zukal · Dr. Stanislav Frank

Balzspiele im Aquarium

Eine Anleitung für die Nachzucht

Landbuch

Fotos: Rudolf Zukal · Dr. Stanislav Frank

Landbuch-Verlag GmbH, Hannover, 1982

Farblithos: Reproanstalt Krammer, Linz/Österreich
Satz: Layout-Satz K.-K. Wäsch KG, Hannover
Druck und buchbinderische Verarbeitung:
Landbuch-Verlag GmbH, Hannover, und
Buchbinderei S. R. Büge, Celle/Westercelle

ISBN 3 7842 0265 9

Inhaltsverzeichnis

Vorwort 7
Einleitung 9
Ursprung der Aquarienfische 9
Das Leben der Fische beeinflussende Faktoren 9
Nahrung der Fische in der Natur und im Aquarium 19
Gewöhnung an veränderte Umweltbedingungen
im Aquarium 20
Sekundäre Geschlechtsunterschiede 21
Fortpflanzung 22
Entwicklung der Eier und Embryonen 23
Ablaichen und Aufzucht der Jungtiere im Aquarium 27
Verhalten der Fische in der Natur und in der
Gefangenschaft einschließlich Brutpflege 30
Balzspiele der Fische
Echte Afrikanische Salmler *Alestidae* 35
Echte Amerikanische Salmler *Characidae* 38
Schlanksalmler *Lebiasinidae* 62
Karpfenfische *Cyprinidae* 72
Schmerlen oder Dorngrundeln *Cobitidae* 100
Schwielenwelse oder Panzerwelse *Callichthyidae* 102
Harnischwelse *Loricariidae* 106
Seenadeln *Syngnathidae* 107
Eierlegende Zahnkarpfen *Cyprinodontidae* 112
Lebendgebärende Zahnkarpfen *Poeciliidae* 132
Ährenfische *Atherinidae* 137
Nanderbarsche *Nandidae* 141
Buntbarsche *Cichlidae* 145
Süd- und mittelamerikanische Buntbarsche 146
Afrikanische Buntbarsche 174
Südasiatische Buntbarsche 189
Labyrinthfische *Belontiidae* 190
Register nach deutschen Bezeichnungen 211
Register nach wissenschaftlichen Namen 213

Vorwort

Die Aquaristik hat eine lange, mehr als hundertjährige Tradition. Obwohl sie zunächst nur in die Laborzimmer der Naturwissenschaftler einzog, verbreitete sie sich schon bald darauf stark und wurde zu einem beliebten Hobby breitester Volksmassen in vielen Ländern.

Am Anfang stand ein kugelförmiges Gefäß aus Glas, das mit Wasser gefüllt wurde, in dem ein paar Fischchen ein kümmerliches Dasein fristeten. Der weitere Weg war nicht einfach und leicht. Das erste grundlegende Umdenken brachte die Entdeckung der Beziehung zwischen Wasserpflanze und Fisch, d. h. zwischen Produzent und Konsument des Sauerstoffs. Zu einem weiteren Fortschritt führte der in der Gefangenschaft vermehrte Makropode, der in der zweiten Hälfte des vorigen Jahrhunderts einen neuen Weg für erfolgreiche Aquarienzierfischzüchterei gezeigt hat.

Was soll man sich also unter der Bezeichnung Aquaristik vorstellen? Die Antwort ist nicht leicht und eindeutig. Kurz gefaßt können wir sie als Anpassung an veränderte Umweltbedingungen und Nachzucht der Fische in der Gefangenschaft charakterisieren. Das Aquarium ist und wird nie ein Naturausschnitt, wie es viele Leute vermuten und behaupten, sondern nur eine Nachahmung oder Imitation, die mehr oder weniger gelungen ist, abhängig davon, wie gut wir die Heimat unserer Zöglinge kennen und wie wir natürliche Lebensbedingungen bieten und Umweltfaktoren berücksichtigen können. Diese Nachbildung der Naturbedingungen ist wirklich nie einfach; erinnern wir uns nur an ausgedehnte Wasserflächen eines großen Flusses oder eines Sees. Diesen Lebensraum können wir in unserer Wohnung nicht bieten. Deshalb hängt die Entwicklung der Aquaristik von der Technik ab. Sie hilft und unterstützt uns. Selbstverständlich möchten wir nicht unkritisch idealisieren, um einen Aquarienautomat zu propagieren. Die biologischen Prozesse können bis jetzt von keinem Superapparat nachvollzogen werden.

Im Aquarium gibt es viele Ungleichheiten zur Natur. Nur ein paar leichtverständliche Beispiele. Das Aquarium ist sehr tief und die Wasseroberfläche klein. Bei einem Fluß oder Teich ist es im allgemeinen umgekehrt. Ein Aquarium erhält Licht von oben und von den Seiten, natürliche Gewässer werden nur von oben beleuchtet. Durch

Niveauunterschiede bedingte Gefällströmungen, Wind- und Temperaturströmungen wird das Naturwasser in allen Schichten durchgemischt, sie sorgen damit für eine genügende Sauerstoffanreicherung und Durchwärmung bis zum Bodengrund. Das Aquariumwasser müssen wir künstlich wellen und durchströmen. Und schließlich wird das Aquarium dauernd mit einer Unmenge organischer Abfallstoffe überlastet: den Resten der Nahrung, die wir den Fischen anbieten, Exkrementen und faulenden Wasserpflanzenstücken. Im Aquarium fehlt nämlich der vollkommene Kreislauf der Nährstoffe und vor allem des Stickstoffs, wie wir ihn in freier Natur beobachten können. In unseren Becken entwickeln sich nur unregelmäßig Algen, Protozoen, Rädertierchen, Hüpferlinge, Wasserflöhe usw.; es wird nie eine feste Kette der Produzenten und Konsumenten gebildet, denn wir halten nur die höchstentwickelten Endkonsumenten, d. h. Fische und höchstens noch Schnecken. Tiere beider Gruppen müssen wir aber regelmäßig füttern. Das Aquariumwasser wird dadurch ständig verunreinigt; praktisch kann eine solche Unmenge von organischen Stoffen nicht soweit abgebaut werden, daß sie restlos von Wasserpflanzen verbraucht werden könnte. Es bleibt uns also nichts anderes übrig, als das Wasser mechanisch bzw. chemisch zu reinigen, kräuseln, filtern, abzuschäumen, Detritus abzusaugen und regelmäßig einen Teilwasserwechsel vorzunehmen.

Was für ein Ziel hat die moderne Aquaristik? Einmal ist ein Aquarium eine wertvolle Bereicherung unserer Wohnung, vor allem aber dient es der ewigen Sehnsucht des Menschen, sich der Natur zu nähern, in der Nähe ein Tier zu haben, etwas Lebendes zu halten, um Sorgen zu übernehmen, etwas zu pflegen und auch auf etwas Schönes blicken zu können. In den übervölkerten Großstädten können Hunde, Katzen und Vögel meistens nicht artgerecht gehalten werden, die Aquaristik bietet sich als Ausweg an.

In der Aquaristik kann man allerdings nicht nur eine Liebhaberei sehen, sondern sie hat noch viele andere Aufgaben. Fischimporte müssen eingewöhnt werden, und wir wollen die Tiere nachzüchten. Dabei entdecken wir die Geheimnisse des Fischlebens. Wir lernen das Verhalten der Fische kennen und verbessern die Haltung dieser Bewohner unserer Becken. Jungen Menschen werden Probleme der Natur nahegebracht. Die Aquaristik hilft mit, daß viele Kontakt zur Tierwelt behalten und sich auch für die Fauna unserer Erde einsetzen, wo immer es notwendig ist.

Einleitung

Es muß jedem Aquarianer klarwerden, daß alles, was Fische tun und wie sie sich in einzelnen Situationen benehmen, von vielen äußeren und inneren Faktoren abhängig ist. Deshalb sollen dem Hauptteil über das Laichverhalten Informationen vorausgeschickt werden.

Ursprung der Aquarienfische

Fische sind in warmen bis kalten Regionen der Süß- und Brackgewässer sowie der Meere der ganzen Erde weit verbreitet. Als kleine, überwiegend ständig muntere, hübsch gefärbte Arten kann man Aquarienfische charakterisieren. Sie stammen meistens aus tropischen oder subtropischen Gewässern, seltener sind sie in der gemäßigten geographischen Zone zu Hause.

Aquarienfische sind das ganze Jahr aktiv. In der Heimat bewohnen sie stehende, fließende, meistens seichte, von der Sonne gut durchlichtete Savannenbäche oder schattige Urwaldtümpel, die entweder ein süßes und sehr weiches oder verschieden hartes Wasser bis Brackwasser führen können, z. B. in der Nähe der Flußmündungen. Die meisten Fischarten unserer Becken stammen aus Süd- und Mittelamerika, Afrika, Südostasien und den anliegenden Inselgruppen sowie aus Australien. Nur wenige Fische werden in gemäßigten Zonen Nordamerikas, Europas und Afrikas gefunden. Bei diesen Bewohnern unserer Kaltwasseraquarien müssen wir mit kurzer oder längerer Ruhepause im Winter rechnen.

Das Leben der Fische beeinflussende Faktoren

Leben und Verhalten der Fische in der freien Natur und im Aquarium werden nicht nur von den Umwelt-Faktoren stark bestimmt, sondern auch durch recht komplizierte biologische Beziehungen, Nahrungssuche und Konkurrenz beeinflußt. Wie jeder Aquarianer weiß, kann das Wasser recht verschieden sein. Auch der Züchter muß das beachten, um Mißerfolge zu vermeiden. Am stärksten spielen aber ein Rolle: Licht, Temperatur, Strömung, Leitfähigkeit, Wasserhärte, pH-Wert, Sauerstoffgehalt, Kohlendioxidgehalt, Stickstoff im Wasser und Wasserfarbe.

Das Licht

Damit sich Fische im Aquarium wohl fühlen können, müssen sich die künstlichen Lebensbedingungen den natürlichen annähern, d. h., es müssen Bedingungen geschaffen werden, an die sich die Fische seit Tausenden von Jahren angepaßt haben und die bei ihnen genetisch fixiert sind. Allgemein kann man feststellen, daß den meisten Aquarienfischen der tropischen oder subtropischen Zonen eine Beleuchtung von 12 bis 14 Stunden am Tage genügt. Es muß aber dabei jedem klar sein, daß Intensität und Farbe des Lichtes nicht überall gleich sind, z. B. gibt es Extreme wie Savannenbach oder Urwaldtümpel. So laicht der Rotflossensalmler *Aphyocharax anisitsi* viel williger in einem von der Sonne durchstrahlten Zuchtbecken, der Rote Neon *Cheirodon axelrodi* und der Grüne Neon *Hemigrammus hyanuary* dagegen nehmen mit einer Abenddämmerung vorlieb.

Die Beziehung zwischen Lichtintensität und Anzahl der Stunden der Aquariumbeleuchtung ist recht kompliziert und nicht nur für das Wachstum der Wasserpflanzen, sondern auch für das Wohlbefinden und Gedeihen der Fische wichtig. Von der Intensität und Beleuchtungsdauer ist nämlich der Aufbau von vielen lebenswichtigen Hormonen in verschiedenen Fischorganen abhängig. Diese Hormone sind für den Gesundheitszustand unserer Zöglinge, für das Wachstum, die rechtzeitige Fortpflanzung und die Bereitwilligkeit, sich fortzupflanzen, verantwortlich. Dieselbe Beleuchtung kann also bei einigen Pflanzen und Fischen recht positiv, bei anderen ganz negativ wirken. Es liegt in unserer Hand, die richtige Gesellschaft der Pflanzen und Fische auszuwählen und ihnen die günstigste Ersatzheimat vorzubereiten.

Temperatur

Die Wassertemperatur hat eine ähnliche Bedeutung wie das Licht für Fische. Tropische Fische vertragen oft kleine Temperaturschwankungen während eines Tages, eines Monats oder sogar eines Jahres. Oft handelt es sich nur um 1–2° C. Größere Schwankungen treten in subtropischen Regionen und Monsungebieten auf. Die Wassertemperatur ist auch von ein oder zwei Regenzeiten im Jahre abhängig. Am liebsten laichen die meisten Fische am Anfang der Regenzeit, d. h. in der Zeit, wenn die Temperatur noch recht hoch und der Luftdruck plötzlich gesunken ist. Es gibt aber auch Fische, die sich bei vollkommen umgekehrten Verhältnissen, also bei niedrigster Wassertemperatur und hohem Luftdruck, gerne vermehren.

Jede Fischart braucht eine Optimaltemperatur, z. B. gedeiht der Neontetra *Paracheirodon innesi* ausgewachsen am besten bei 16–22° C und laicht bei 23–24° C ab. Wenn man aber den Neontetra das ganze Jahr bei höherer Wassertemperatur als 24° C hält, entwikkeln sich im Weibchen viele überreife Eier, die das Weibchen dann oft ohne Anwesenheit eines Männchens verliert. Solche warm gehaltenen Weibchen nehmen schlecht Futter an, werden bald schlank, kräftig gefärbt, verhalten sich ungewöhnlich, sind untereinander sehr bissig, streitsüchtig und zu weiterer Zucht nach kurzer Zeit unfähig. Eine übermäßige Abhärtung schadet den exotischen Zierfischen ebenfalls. Sollten die Fische überhaupt ein derartiges Experiment überleben, werden sie zu kleinen, abgemagerten, blassen, wenig lebendigen Fischruinen, die mit vielen verschiedenen Krankheiten befallen sind.

Eine Temperaturänderung während der Embryonalentwicklung kann entweder direkt tödlich wirken oder zumindest die Zahl der Wirbel, Flossenstrahlen und Schuppen der Seitenlinie beeinflussen. Temperaturschocks können bei gerade befruchteten Fischeiern (Zygote) zum Entstehen einer Mutation führen. Die in Form und Farbe von der Ausgangspopulation abweichenden Mutanten sind genetisch stabil. Es kann sich um ein Merkmal oder sogar um mehrere Merkmale handeln.

Von der Wassertemperatur ist auch der Sauerstoffgehalt abhängig. Allgemein gilt: Je höher die Wassertemperatur ist, um so geringer wird der Sauerstoffgehalt. Daraus wird leicht verständlich, daß Fische aus den kälteren und fließenden Gewässern im Aquarium bei höherer Temperatur und ungenügender Durchlüftung in kurzer Zeit ersticken können.

Die Wasserströmung

In langsamfließenden bis stehenden Gewässern leben die meisten Aquarienfische. Viele Arten werden allerdings aus ausgesprochen fließenden Gewässern importiert, wie z. B. die Echten Afrikanischen Salmler und viele südamerikanische Panzerwelse. Sie können dann im „stehenden" Aquariumwasser auf die Dauer nicht richtig gedeihen. Und dabei ist es ganz einfach, eine Kreiselpumpe einzusetzen, um eine künstliche Strömung und Sauerstoffbereicherung in entsprechender Stärke zu erzielen.

Viele Fischarten unternehmen oft vor und während der Fortpflanzung lange Wanderungen und Züge gegen den Strom, um richtige Laichplätze auszusuchen. Im Aquarium kann als Zugersatz eine zeitlich richtig gewählte Wasserströmung dienen. Ihre Stärke muß selbstverständlich der Beckengröße entsprechend und mit Rücksicht auf die spezifischen Eigenschaften und Bedürfnisse der Fische richtig eingestellt werden. Viele Aquarienfische zeigen nämlich ohne Wasserdurchfluß oder entsprechende Wasserströmung bzw. Zirkulation keinen Laichansatz, sie werden nie laichwillig.

Leitfähigkeit, Gesamthärte und Alkalität

Die elektrische Leitfähigkeit hängt von allen im Wasser gelösten Stoffen ab, vor allem von verschiedenen Säuren, Basen und deren Salzen, die auflösungsfähig sind. Chemisch gereinigtes Wasser hat theoretisch keine Leitfähigkeit. Fast so „gereinigt" wie destilliertes Wasser ist der Rio Negro, wo z. B. an den Fundorten des Königsalmlers *Inpaichthys kerri* und des Roten Neons *Cheirodon axelrodi* nur 8–11 µS gemessen wurden. Solch ein salzarmes Wasser braucht man nicht für ein Gesellschaftsbecken vorzubereiten, doch für die Entwicklung der Fischeier von Neuimporten ist es meistens entscheidend. Der größte Teil der Aquarienfische verträgt eine elektrische Leitfähigkeit im Bereich zwischen ein paar und mehreren Hunderten, sogar Tausenden Mikro-Siemens (µS) gut. Im allgemeinen sind erwachsene Fische viel weniger gegen Schwankungen des Wassers empfindlich als in ihren Entwicklungsstufen. Diese Tatsache ist mit der unterschiedlichen Fähigkeit der osmotischen Regulation der einzelnen Fischarten verbunden. Sogenannte stenohaline Arten, die an bestimmte Salzkonzentrationen angepaßt sind, vertragen schlecht Änderungen der Leitfähigkeit. Regelmäßige Messungen der Leitfähigkeit können uns über eine steigende Verschmutzung rechtzeitig informieren. So kann man indirekt – aber einfach – eine Katastrophe verhüten, z. B. durch Nitrit-Vergiftung.

Mit der Leitfähigkeit hängt eng die Gesamthärte und Wasseralkalität bzw. Karbonathärte zusammen sowie der Chloridgehalt, der vor allem im Brackwasser sehr hoch ist. Leitfähigkeit mißt man elektrometrisch, Gesamthärte und Karbonathärte stellen wir mit Quicktesten (analytisch) fest. Die Nichtkarbonathärte ermittelt man durch Abziehen der Karbonathärte von der Gesamthärte. Und hier wird ein Aquarianer oft staunen, wenn höhere Werte bei der Karbonathärte gemessen werden und die Abrechnung auf einmal nicht möglich ist. Wie kann so etwas passieren? Die Handelspräparate zur Härtegradebestimmung – deutsche Gesamthärte (dGH) und deutsche Karbonathärte (dKH) – sind auf die Messungen des Natur- und Aquarienwassers eingestellt. In gemäßigten Zonen, aber auch in tropischen Erdzonen führen die Gewässer ein solches Wasser, so daß Messungen sowie Rechnungen möglich sind und stimmen. Das Rätsel ist darin zu suchen, daß das, was wir nämlich als Karbonathärte mit KH-Test nachbestimmen wollen, nicht immer Karbonathärte sein muß, sondern im Grunde die sogenannte Alkalität ist, d. h. Gesamtmenge der im Wasser gelösten Karbonate. Die meisten unserer Freigewässer (Bäche, Tümpel, Flüsse, Seen usw.) sowie Wasser in Leitungen führen nur härtebindende Karbonate, d. h. gebunden an Ca^{2+} und Mg^{2+} Kationen. In diesem optimalen Falle entspricht also die Alkalität der Karbonathärte. Das Abziehen ist möglich und stimmt: z. B. 10 Grad dGH – 5 Grad dKH = 5 Grad dNKH (Nichtkarbonathärte bzw. Sulphathärte). Wenn es sich aber um ein Aquariumwasser handelt, dem z. B. zum Korrigieren des pH-Wertes Natriumhydrogenkarbonat einmal oder mehrmals zugegeben wurde, oder um ein Wasser der großen afrikanischen Seen bzw. um ein Brackwasser, stimmt die Rechnung auf einmal nicht mehr, denn Na^{+} Kationen sind keine Härtebildner. Hydrochemisch gesehen gibt es keinen Karbonathärte-Test, sondern eine Alkalitätsbestimmung (Gesamtmenge der im Wasser gelösten Karbonate). Die Alkalität kann nur direkt Karbonathärte darstellen in solchem Wasser, das an Natriumhydrogenkarbonat (bzw. Soda) ausgesprochen arm oder davon frei ist. Das trifft praktisch auf alle unsere einheimischen Süßgewässer zu, falls sie nicht verunreinigt sind.

Alkalität (Anteil aller Karbonate, egal ob sie an Ca^{2+}, Mg^{2+} oder Na^{+} Ionen gebunden sind) arbeitet im Wasser als ziemlich starker Puffer, d. h., sie stabilisiert den pH-Wert. Karbonate sind deshalb für das Leben im Aquarium sehr wichtig. In einem Becken ohne Karbonate und ohne andere Puffer (z. B. Phosphat-Puffer) sinkt der pH-Wert schnell in den zunehmend sauren Bereich, und das wirkt sich auf die gesamte Fischgesellschaft schädlich bis giftig aus. Deshalb sind halbwüchsige und erwachsene Fische im karbonatfreien Wasser auf die Dauer bei dem niedrigen pH-Wert lebensunfähig.

Bei der Nachzucht sind dagegen die Karbonate (gleich ob härtebildende, d. h. an Ca^{2+} und Mg^{2+} Ionen gebundene, oder nichthärtebildende, d. h. an Na^+ und K^+ Ionen gebundene) problematisch bis ungünstig und unerwünscht oder nur in Spuren nötig, denn bei vielen der aus außerordentlich weichen, salzarmen Tropengewässern stammenden Pfleglingen beeinflussen die Hydrogenkarbonat-Anionen (HCO_3^-) ausgesprochen physiologisch ungünstig die Eier- und Embryonenentwicklung.
Wie stellt man die Alkalität fest? Die Hydrologen und Hydrobiologen bestimmen bei Wasseranalysen die alkalisch reagierenden härtebildenden (Ca^{2+}, Mg^{2+}) und nichthärtebildenden (Na^+, K^+) im Wasser gelösten Karbonate gemeinsam und bezeichnen sie als Wasseralkalität. Man macht das auf folgende Weise: Zuerst nimmt man 100 ml Probewasser, dem man etwa 10 Tropfen Methylorangelösung-Indikator zugibt. Es tritt eine Gelbfärbung auf. Von einer etwa 20- bis 25-ml-Bürette (Pipette) läßt man tropfenweise zur Probe, die man zum Verteilen schwenkt, 0,1 normale Salzsäurelösung (HCl) fallen. Das alles bezeichnet man als Titration. Sobald die gelbe Farbe auf Orangerot umschlägt, stoppt man den Zulauf der Salzsäure. Ein Milliliter der 0,1 N HCl entspricht einem international gebräuchlichen Millival der Alkalität. In unseren einheimischen Gewässern, praktisch ohne gelöste Natriumkarbonate, sind es etwa 2,8 Grad dKH, d. h. der deutschen Karbonathärte.

Dieselbe Reaktion läuft bei verschiedenen aquaristischen Schnelltesten ab, z. B. arbeitet der Tetra-Test-KH genauso, nur mit einer anderen Konzentration der Salzsäure und anderem Indikator, und zwar mit Bromkresolgrün, der von Blau auf Gelb umschlägt. Andere Quickteste arbeiten mit einer großen Skala der Indikatoren oder sogar mit Indikator-Spezial-Mischungen, das Prinzip bleibt aber immer gleich. Man kann also auf diese Weise die härtebildenden und nichthärtebildenden Karbonate voneinander nicht unterscheiden. Deshalb kann man manchmal von der deutschen Gesamthärte die Karbonathärte leicht und richtig abziehen (wenn nur Ca^{2+} und Mg^{2+} Kationen im Wasser vorhanden sind) oder die Alkalität ist für den Laien unverständlich hoch (zweimal und mehr größer als dGH), falls es sich um eine Soda-Wasserquelle oder um ein Aquariumwasser handelt, das mehrfach mit Natriumhydrogenkarbonat behandelt wurde.

Darin ist also die Lösung des Rätsels zu suchen. Bei der Gesamthärte(dGH)-Messung bestimmt man nämlich vollkommen etwas anderes, und zwar die Kationen-Menge (Ca^{2+} und Mg^{2+}) wie bei der Alkalität (bzw. Karbonathärte), bei der man die Gesamtmenge der Karbonate, also Anionen (CO_3^-) mißt.

Die Chloride

An Chloriden ist vor allem das Meerwasser sehr reich. Vom Gesichtspunkt der Süßwasseraquaristik interessieren uns besonders die Binnengewässer, in denen in kleiner Menge auch Chloride vorhanden sind. Das Wasser mit größerem Chloridgehalt ist immer verdächtig, mit Abwässern verunreinigt zu sein, ganz gleich, ob aus einem Oberflächengewässer oder einem Brunnen (z. B. durch Jauche). Es handelt sich also oft um ein Wasser, das hygienisch als Brauchwasser oder Trinkwasser ungeeignet ist.

Erwachsene Aquariumfische vertragen meistens ohne Schaden einen recht hohen Chloridgehalt oder sogar sein Schwanken, falls sie aus dem Brackwasser stammen, z. B. einige Salmler, Eierlegende Zahnkarpfen, Buntbarsche, Ährenfische, Meergrundeln und andere.

Chloride spielen eine wichtige Rolle in der Entwicklung der Fischeier und Fischembryonen. Allgemein kann man sagen, daß sie im Zuchtwasser möglichst wenig vertreten sein sollten. Diese Behauptung ist nur bedingt richtig, wenn man die unterschiedliche Toleranz bei den einzelnen Fischarten bedenkt. Abgesehen von der Wasserleitfähigkeit und Härte reicht die Verträglichkeit der Eier und Embryonen gegenüber Chloriden z. B. bei folgenden Fischen: *Aphyosemion geryi* bis 150 mg/Liter, *Capoeta tetrazona* bis 100 mg/Liter, Problemfischen wie *Cheirodon axelrodi, Phenacogrammus interruptus,* einigen Nachzuchtmutanten von *Symphysodon aequifasciatus, S. discus* und *Inpaichthys kerri* nur bis 15 mg/Liter Wasser. Allgemein kann man sagen, daß ein Chloridmangel nie negativ die Embryonalentwicklung der Süßwasseraquarienfische beeinflußt, zu hoher Chloridgehalt wirkt sich dagegen schädlich aus.

Der pH-Wert

Ein chemisch reines Wasser reagiert praktisch neutral. Die Verteilung der zahlreichen Organismen im Freiland weist eine enge Beziehung zur aktuellen Reaktion des Wassers auf. Diese Beziehungen sind aber recht kompliziert. In Binnengewässern tritt ein niedriger pH-Wert stets in Verbindung mit einer Reihe anderer Faktoren auf.

Allgemein kann man sagen, daß in sehr weichem Wasser Schwankungen des pH-Wertes für Fische nicht so sehr gefährlich sind wie im harten Wasser. Optimal sind pH-Werte um 7 mit Schwankungen zwischen 6 bis 7. Extrem sauer, d. h. pH-Werte unter 6, oder alkalisch reagierendes Wasser, d. h. pH-Werte über 8, kann man nur für einige Fischarten empfehlen. Einen pH-Wert unter 6 vertragen z. B. *Cheirodon axelrodi* sowie *Nematobrycon palmeri* und über 8 z. B. Buntbarsche der großen afrikanischen Seen.

Sauerstoffgehalt

Da Fische sich im Laufe der Zeit kalten und fließenden oder warmen und stehenden Gewässern angepaßt haben, stellen sie auch im Aquarium unterschiedliche Ansprüche an den im Wasser gelösten Sauerstoffgehalt. Es ist klar, daß ein fließendes Wasser maximale Möglichkeiten hat, sich mit Sauerstoff zu bereichern, stehendes Wasser mit einer sich relativ nur wenig bewegenden Wasseroberfläche dagegen nicht. Aufgrund der physikalischen Wassereigenschaften löst sich im Wasser nur eine geringe Menge des Sauerstoffs im Verhältnis zur Wassertemperatur, bis es ganz gesättigt ist. Wenn das Wasser eine Temperatur von 0° C hat, sind in einem Liter Süßwasser 14,16 mg Sauerstoff enthalten, ein Liter Wasser mit 30° C kann aber nur 7,53 mg Sauerstoff aufnehmen. Daraus läßt sich leicht schließen, daß eine der betreffenden Fischart nicht entsprechende Erhöhung der Wassertemperatur Schwierigkeiten bei der Atmung, ja sogar zum Ersticken führen kann. Außerdem verursacht Sauerstoffmangel vor allem in nicht gereinigtem Aquariumwasser eine schnelle Entwicklung der Bakterien, Protozoen (Urtiere, tierische Einzeller) und die dann folgende Wassertrübung. In solchen Fällen werden sich die Sauerstoffverhältnisse noch weiter verschlechtern. Bei Oxidation der organischen Stoffe kommt es nämlich leicht zum starken Sauerstoffdefizit. In nicht gutbepflanzten Becken und bei schwacher Durchlüftung kann der Sauerstoffmangel schnell zur Katastrophe führen. Im Aquarium sollten wir mit regelmäßiger Reinigung des Beckens vom Detritus, guter Filterung und entsprechender Zirkulation mit Durchlüftung vorbeugen.

Kohlendioxid

Das von den Fischen ständig ausgeatmete Kohlendioxid ist für die Pflanzen sehr wichtig und dient ihnen zur Photosynthese, d. h. zum

Aufbau des Pflanzenkörpers. Kenntnisse über direkte Wirkung des Kohlendioxids auf Fische gibt es nur wenig. Bei einem Überschuß des Kohlendioxids im Wasser atmen die Fische zunächst schwer, später führt er zur Betäubung oder bis zum Tode. Das im Wasser gelöste Kohlendioxid bildet teilweise Kohlensäure (H_2CO_3), die vorübergehend den pH-Wert herabsenken kann. Die modische Düngung der Wasserpflanzen im Aquarium mit Kohlendioxid muß man deshalb recht vorsichtig vornehmen und den Bedingungen im Bekken anpassen.

Stickstoffverbindungen

Woher kommen Stickstoffverbindungen im Aquarium? Dauerproduzenten sind z. B. Fischexkremente und Fischharn, aber auch faulende Wasserpflanzenteile, Holzstücke, Wurzeln sowie Baumzweige, die oft in überflüssiger Menge im Aquarium zur Dekoration dienen, und hauptsächlich Futterreste bei Überfütterung der Fische. Selbst in dem reinsten Aquarium sammeln sich nach längerer Zeit viele Abfallprodukte an. Für laufenden Abbau der Stickstoffverbindungen im Wasser sorgen die sogenannten Nitrifikationsbakterien, die sie bis zum Endprodukt – Nitrat (NO_3) – oxidieren. Nitrat dient zur Ernährung der Wasserpflanzen.

Bei Überschuß von Abfallprodukten in Form von Stickstoffverbindungen oder beim Absterben der Nitrifikationsbakterien kommt es oft zur Reduktion aus Nitraten zu Nitriten. Das kann schon in kurzer Zeit für Fische katastrophal werden, denn Nitrite sind bereits in sehr schwacher Konzentration für die meisten Fische sehr giftig. Um die Fische zu schützen, ist eine regelmäßige Kontrolle des Nitrat- und Nitritgehalts im Aquarium mit Hilfe der einfachen Quick-Teste von Hilena oder Tetra erforderlich. Zum „Umkippen" kann es nämlich in ein paar Stunden kommen, z. B. über Nacht. Wie kann man vorbeugen? Bei drohender Katastrophe hilft sehr eine Ozonisierung des Wassers, d. h. Oxidation der Nitrite auf Nitrate. Leider aber nur für eine kurze Zeit, denn nach dem Einstellen der Ozonisierung sind alle Nitrifikationsbakterien vernichtet, und es kommt noch zu stärkerer Reduktion der Nitrate auf Nitrite. Richtig vorbeugen kann man nur mit regelmäßigem Reinigen des Aquariums und Teilwasserwechsel. Dafür gibt es keine Allgemeinvorschrift, denn in jedem Becken sind mit den Pflanzen, Fischen und dem „Bakterien"-Besatz die Verhältnisse anders.

Wasserfarbe

Die tropischen Gewässer sind entweder klar (durchsichtig, farblos) oder weißlich (vom mitgeführten Lehm), meistens aber verschieden stark gelb, bräunlich bis schwarz gefärbt. Im wahrsten Sinne des Wortes hat der Torf in tropischen Gewässern nicht genug Zeit, sich zu bilden. Im dortigen warmen Klima verläuft die Zerlegung organischer Stoffe bis zum Humus sehr schnell. Der Humus wird das ganze Jahr über von der Vegetation sehr schnell verbraucht, so daß die Oberfläche in den meisten tropischen Gebieten recht humusarm ist.

Neben den Huminsäuren gibt es im Wasser viele Farbstoffe aus den schnell faulenden Pflanzen, Sträuchern und Bäumen. In den Tropen wachsen nämlich viele Pflanzen und Bäume mit extrem farbigen Wurzeln, Rinden und verschiedenfarbigem Holz. Zum Beispiel enthalten die peruanischen Pflanzen der Gattung *Krameria* eine große Menge von Tannin und roten Farbstoffen, die bis heute für pharmazeutische Zwecke bedeutungsvoll sind. Das Holz vom Baum der Gattung *Haematoxylon* ist außen violettrot und innen blutrot. Der farblose Haematoxylin ändert sich nämlich durch Oxidation in roten Haematein, der ein wichtiger Differenzierungsfarbstoff bei der Mikroskopie ist. Als weitere Beispiele können die Gehölze der Gattung *Caesalpina,* aber auch Nußbäume, Mangrovenrinden, Sumpfpalmen u. a. dienen. Praktisch gibt jede faulende Pflanze ins Wasser weniger oder mehr Farbstoffe ab. Selbst der Holzstoff (Lignin) färbt bei langsamer Zerlegung das Wasser bräunlich.

In der Aquaristik nützt man oft die positive Wirkung des Tannins, der Huminsäuren und vielen anderen Farbstoffe bei der Nachzucht und dem Aufziehen der empfindlichsten Pfleglinge sehr erfolgreich aus, z. B. gebraucht man Torumin und viele andere konzentrierte Präparate. Man muß nur achtgeben, daß oft wenig zuviel sein kann. Jede Fischart stellt nämlich eigene optimale Ansprüche an die Menge der im Wasser enthaltenen Farbstoffe. Beispielsweise beginnen in ganz reinem Wasser ohne Farbstoffe die Eleutherembryonen von Neontetra *Paracheirodon innesi* sich nicht einmal freizuschwimmen. Wenn wir aber den Fischchen zu viele Farbstoffe ins Wasser geben, beginnt die Entwicklung zu stagnieren, und oft gehen die Embryonen auch ein. Deshalb muß man hauptsächlich bei der Fortpflanzung der Problemfische recht bedächtig mit Farbstoffen arbeiten.

Tannin, Huminsäuren und Farbstoffe wirken sich auf viele erwachsene Fische ebenfalls positiv aus, unterstützen die Vitalität und beschützen sie sogar erfolgreich vor vielen Krankheiten.

Nahrung der Fische in der Natur und im Aquarium

Die richtige Ernährung ist das A und O für das Leben der Fische. Die Art der Nahrungsaufnahme und die Zusammensetzung der Nahrung haben die Entwicklung des gesamten Körpers beeinflußt. So können wir bei den Fischen nach der Nahrungssuche verschiedenste Anpassungen in der Stellung und Form des Mundes sowie der Kieferbezahnung beobachten. Oft gibt es noch im Mundwinkel oder auf den Kiefern die Tastbarteln und verschieden stark entwickelte Kiemenstäbchen, sogenannte Kiemenreusen, auf der Vorderseite der Kiemenbögen, die einen wichtigen verschieden dichten Filter zur Aufnahme der Planktonnahrung bilden.

Nach der Nahrungsart kann man Fische in die Gruppen Raubfische und Kleinnahrungsfresser oder Friedfische aufteilen. Die Grenzen lassen sich hierbei aber nicht genau abstecken. Raubfische fressen vor allem Fische, aber auch große Krebstiere, Muscheln, Schnecken usw. Nichträuber ernähren sich von tierischer, pflanzlicher oder gemischter Kleinnahrung. Sie filtrieren entweder Zooplankton oder Phytoplankton (sogenannte Planktonophage) oder fressen die benthische Fauna und Flora (an die Zone des Bodengrundes gebundene Wasserorganismen). Pflanzliche Beikost in Form von Algen weiden gern verschiedene Welse und Buntbarsche ab, höhere Pflanzen ziehen z. B. die Buntbarsche der Gattungen *Tilapia* und *Sarotherodon* vor.

Jungtiere aller Fische, einschließlich der Räuber, fressen fast ausnahmslos Nannoplankton, dessen Vertreter die Maschen des feinsten Planktonnetzes passieren. Für die Aquaristik als ein Universalfutter dient das sogenannte „Staubfutter", zu dem Rädertierchen, Cyclops-Nauplien bzw. Artemia-Nauplien gehören. In bestimmter von der Fischart abhängiger Größe gehen Jungfische auf größere Futtertiere über, d. h. auf Hüpferlinge, Wasserflöhe, Mückenlarven, kleine Anfluginsekten wie z. B. Eintagsfliegen, Uferfliegen, Köcherfliegen, schwärmende Ameisen und Termiten, die oft in Massen von Zeit zu Zeit auf die Wasseroberfläche herunterfallen.

Wir können im Aquarium unseren Pfleglingen nie das breite Nahrungsspektrum anbieten, wie es die freie Natur bietet. Wenn der Aquarianer überhaupt mit Lebendfutter füttern kann, ist er meistens nur auf Hüpferlinge und Wasserflöhe oder Tubifex angewiesen. Obwohl der größte Teil der Aquarienfische bald damit zufrieden sein wird, kann es bei einigen doch Schwierigkeiten geben, z. B. bei der Fortpflanzung. Das ist leicht verständlich. Offensichtlich fehlen Hormone, die in einer Unmenge in den erwachsenen Insekten enthalten sind und in bestimmten Jahreszeiten massenhaft von Fischen an der Wasseroberfläche konsumiert werden.

Schwierig ist das Beschaffen von Lebendfutter für Aquarianer in der Stadt. Sie sind manchmal lange nur auf Trockenfutter angewiesen. Die berühmten Enchyträen und Grindalwürmchen *Enchytraeus buchholzi* sind für Fische als Dauernahrung zu fett. Die Mikronematoden oder Älchen *Anguillula rediviva* sind mit fester Kutikula (Abschlußgewebe) bedeckt und für viele Fische praktisch unverdaulich. Tiefgefrorenes und gefriergetrocknetes Futter ist für Fische gewiß geeigneter. Dank der gründlichen Studien der Fischnahrung, der Forschung und der Firmen gibt es aber heute auf dem Markt genug Universal- und Spezialfutter mit genügender Lagerungsdauer und in sehr guter Qualität.

Gewöhnung an veränderte Umweltbedingungen im Aquarium

Eine erfolgreiche Akklimatisation einer neueingeführten Fischart im Aquarium ist von vielen Faktoren abhängig. Jede Fischart muß man nicht nur als ein Endglied der phylogenetischen (stammesgeschichtlichen) Entwicklungskette betrachten, sondern vor allem als ein Produkt der Umwelt ansehen, in der es sich entwickelte, in der es lebt, der es sich stark angepaßt hat und an die es unterschiedlich fest gebunden ist.

Ob man nun von Abhärtung oder Akklimatisierung spricht, Erfolg oder Mißerfolg sind vor allem von der spezifischen Plastizität (Änderungsvermögen) zu geänderten Umweltbedingungen abhängig. Je „unnachgiebiger" die importierte Art ist, desto vorsichtiger und feiner muß mit ihr umgegangen werden. Das betrifft besonders solche Arten, die an eine bestimmte Temperatur (stenotherme Arten) oder an einen bestimmten Salzgehalt (stenohaline Arten) angepaßt sind.

Beim Einsetzen der tropischen Fische ins Aquarium ist allgemein ihre Empfindlichkeit gegen Nichtkarbonathärte (bzw. Sulphathärte) relativ gering, allerdings gegen Alkalität groß. Man bemüht sich deshalb, neueingeführte Fische am Anfang im Wasser mit minimalem Karbonatgehalt zu halten, d. h. bis etwa 1° dKH, die Nichtkarbonathärte darf bis 4° dNKH, manchmal noch mehr, erreichen.

Man muß auch beachten, ob der Fisch Sonnenlicht liebt oder im Schatten des Urwalds lebte und ob er im fließenden oder stehenden Wasser schwamm; danach kann man sein Sauerstoffbedürfnis abschätzen. Von Interesse sind auch die Leitfähigkeit des Heimatwassers, der pH-Wert und womit sich der Fisch das ganze Jahr ernährt. Das ist eine Aufgabe, die auf den ersten Blick unsere Kräfte übersteigt, denn die Angaben über die Fundorte sind meistens recht mangelhaft. Man muß aber überlegen, vergleichen, den Kenntnissen der verwandten Fischarten entsprechend urteilen und auch Bedingungen einbeziehen, unter denen die neue Art gelebt haben könnte.

Wenn es gelingt, die besonderen Anforderungen der bestimmten Fischart herauszubekommen und in der Gefangenschaft bei der Haltung und Nachzucht anzubieten, kann man die große Hoffnung haben, daß die Bemühungen nicht umsonst gewesen sind und die Eingewöhnung gelingen wird. Dann halten wir den neuen Fisch nicht nur lange am Leben, sondern werden auch Freude an einer erfolgreichen Nachzucht haben.

Sekundäre Geschlechtsunterschiede

Wenn wir das geheimnisvolle Verhalten unserer Zöglinge verstehen wollen, müssen wir etwas darüber wissen, wie man Weibchen und Männchen erkennt. Die Männchen vieler Fischarten unterscheiden sich im Aussehen von den Weibchen überhaupt nicht, doch ist dem erfahrenen Fischzüchter bald klar, daß ein Männchen sich ganz anders verhält als ein Weibchen und beide ganz geringe Unterschiede im Habitus aufweisen, d. h. ein Männchen kann je nach Art entweder größer oder kleiner als ein Weibchen sein, fast immer wirkt es aber schlanker.

Einige Fischarten zeigen deutliche und auffallende Unterscheidungsmerkmale. So kann man z. B. nennen: Laichausschlag der Karpfenfische, der vor allem bei den Männchen gut entwickelt sein wird und bei den Weibchen meistens fehlt. Die Männchen der Buntbarsche und Labyrinthfische sind gewöhnlich größer und bunter ausgefärbt. Bei erwachsenen Buntbarschmännchen ist es der Bukkelkopf (ein Stirnfettpolster), der bei manchen Arten außerhalb der Laichzeit fast verschwindet, bei anderen den Kopf des Männchens das ganze Leben ziert. Weibchen und Männchen der Schmerlen haben verschieden große paarige Flossen. Bei den Männchen sind sie größer. Die Männchen vieler Eierlegender Zahnkarpfen unterscheiden sich von Weibchen durch Größe der unpaaren Flossen (Rükken-, Schwanz- und Afterflosse) sowie durch Farbenpracht. Männchen der Lebendgebärenden Zahnkarpfen haben außer der anderen Körperform und Größe ein Gonopodium bzw. Andropodium, d. h. Begattungsorgan, das aus der ganz bzw. teilweise umgewandelten Afterflosse entstanden ist. Die Barteln einiger männlicher Welse sind viel länger oder mehr verzweigt als die der Weibchen. Brustflossen der Männchen oder sogar auch einige Kopfpartien können mit weichen, oft sehr bizarren Hautauswüchsen und harten Dornen bedeckt sein. Bei vielen Salmlern gibt es einen Unterschied bei der Form und Größe der Schwimmblase. Über diese und andere Merkmale wird noch im weiteren Text bei einzelnen Fischarten näher berichtet.

Fortpflanzung

Die meisten Süß- und Seewasserfische sind Gonochoristen, d. h. eines abgetrennten Geschlechts und mit äußerer Eibefruchtung. Innere Befruchtung und Lebendgebären treten nicht so häufig auf. Zwittrigkeit (Hermaphroditismus) ist nur von ein paar Seefischgattungen bekannt.

Der Geschlechtszyklus ist vor allem von der Fischart abhängig, aber auch von den ökologischen und klimatischen Bedingungen, die sich von Jahr zu Jahr schwach ändern können. Die Fruchtbarkeit oder – einfach gesagt – die Zahl der Eier pro Ablaichen, ändert sich mehrfach im Laufe des Lebens eines Fisches. Sie ist von der Größe abhängig, also vom Wachstum, Alter, Gewicht und von der Menge und Qualität der Nahrung. Bedeutungsvoll sind ebenfalls Umweltfaktoren wie Wassertemperatur, Salz- und Sauerstoffgehalt, eventueller Befall mit Außenparasiten oder Krankheiten.

Bei den Knochenfischen dringt ins Ei nur ein Spermatozoid durch eine kleine Öffnung in der Eihülle ein. Diese für jede Fischart in Form und Größe besonders charakteristische Öffnung nennt man Mikropyle (siehe Mikrofoto A). Knochenfischspermien, für eine äußere Befruchtung, sterben im Wasser in ein paar Sekunden, spätestens wenigen Minuten ab. Im Eileiter der Lebendgebärenden Zahnkarpfen können die Spermien dagegen Wochen bis Monate am Leben bleiben, so daß nach einer Besamung mehrere Würfe folgen ohne Gegenwart eines Männchens bzw. ohne weitere Kopulationen.

Zum Ablaichen suchen die Fische geeignete Laichplätze aus. Vorher aber unternehmen sie oft lange Wanderzüge. Einige Fische legen die Eier in den Sandboden (sogenannte psamophile Arten), andere auf Pflanzenblätter oder in ein Pflanzendickicht (sogenannte fytophile Arten). Nicht selten trifft man auf lithophile Arten, die ihr Eigelege auf flache Steine, Holzstücke, Wurzeln oder auf unter dem Wasser faulende Zweige kleben. Es gibt auch Spezialisten, die ihre Eier außerhalb des Wassers auf breitblättrige Sumpfpflanzenblattunterseiten ablegen, wie z. B. der Spritzsalmler *Copella arnoldi.* In den meisten Fällen ist das Ei sofort nach der Befruchtung stark klebrig und heftet sich ans Substrat fest. Einige Fische legen die Eier einzeln, andere in Haufen, ja sogar massenhaft. Die Eier können entweder schwerer als Wasser sein und zu Boden sinken oder leichter sein und wegen des Öltröpfchengehaltes an die Oberfläche steigen. Die Eihüllen sind nicht klebrig, sondern wie z. B. bei einigen Eierlegenden Zahnkarpfen und Ährenfischen entweder mit verschieden langen Fäden oder ankerartigen Anhängseln besetzt, welche die ganze Eihülle gleichmäßig bedecken oder auf einen Pol konzentriert sind. Damit heften sich die Eier auf dem oder im Substrat fest, beispielsweise im Torf.

Entwicklung der Eier und Embryonen

Das Leben beginnt im Moment der Befruchtung des Eies und durchläuft viele Entwicklungsphasen und Perioden. Als Grundperioden im Leben eines Fisches kann man die embryonale, larvale, juvenile, adultive und senective (greisenhafte) bezeichnen. Die embryonale und larvale Periode, oft unter dem Namen „frühe Entwicklung" bekannt, sind ein sehr wichtiger Lebenszeitraum, dessen gesunder und normaler Ablauf für das ganze weitere Leben des Fisches bedeutungsvoll ist. Deshalb sind vor allem für den Fischzüchter perfekte Kenntnisse der einzelnen Entwicklungsphasen keine Spielerei, sondern notwendig.

Die Morphologie bzw. die Form der sich entwickelnden Eier und Embryonen kann vieles andeuten. Man kann rechtzeitig nicht nur angeborene, sondern auch ziemlich schnell und durch leicht ungünstige Umweltfaktoren verursachte Defekte entdecken. Einmal sind es also genetische Probleme, dann ökologische, meistens wasserchemische, Schäden. Genaue Kenntnisse einer gesunden bzw.

normalen Entwicklung erleichtern also auch das Bestreben um ein optimales Lebensmilieu im Aquarium.

Wie bereits erwähnt, beginnt mit der Befruchtung des Eies die embryonale Periode mit endogener Ernährung aus dem Dottersack. Man kann sie in drei Phasen aufteilen:

1. Die ovulare Phase – Entwicklung des befruchteten Eies.
2. Die embryonale Phase – Entwicklung des Embryos in der Eihülle.
3. Die eleutherembryonale Phase – Entwicklung des freien, d. h. geschlüpften Embryos mit noch nicht aufgezehrtem Nährdottersack.

Entwicklung der Eier, Embryonen und Larven des *Aphyocharax rathbuni* bei 27° C, 10° dGH, 2° dKH, 8° dNKH, Chloridgehalt = 75 mg/Liter Wasser und pH-Wert von 7,5.

A – Das 10 Minuten befruchtete Ei. Pfeil zeigt auf die Mikropyle, eine kleine Öffnung in der Eihülle, durch die das Spermium ins Ei gelangte. Oben im Bild noch einzellige Keimscheibe. Durchschnittliche Eigröße: 0,86 mm (0,80–0,95 mm).

B – 15 Minuten nach der Befruchtung bilden den animalen Pol des Eies schon zwei relativ große Zellen, die auf dem Deutoplasma, dem späteren Nährdotter, „sitzen" (Strich unter dem Bild = 1 mm).

C – Nach 20 Minuten sieht man eine weitere Teilung (Furchung) der Zellen.

D – Durch eine weitere Furchung sind nach genau 35 Minuten acht Zellen entstanden. Die zweireihige Einordnung ist gut sichtbar.

E, F, G, H – Durch weitere mehrfache Furchung der Zellen bzw. Blastomeren bildet sich die sogenannte auf dem Nährdotter „sitzende" Diskoblastula, d. h. ein mehrschichtiger Grund des Embryos. Bild E = 50 Minuten, F = 70 Minuten, G = 100 Minuten, H = 3 Stunden.

I – Nach 5 Stunden umgeben die Blastomerenschichten den Nährdotter und bilden das sogenannte Diskogastrula-Stadium.

J – Nach 7 Stunden sieht man schon einen deutlichen Anfang der Embryobildung und Differenzierung. Kopfanlage liegt rechts im Bild, Schwanzgrund links.

K – Embryo mit deutlicher Gliederung in der Rückenpartie (rechts unten), Anlagen der Augenbeutel in der Kopfpartie (oben) und noch nicht abgetrenntem Schwanz vom Dottersack (links). Alter = 9 Stunden.

L – Schlupfreifer Embryo im Alter von 17 Stunden.

M – Gerade geschlüpfter Eleutherembryo (ein freier Embryo mit endogener Ernährung aus dem Dottersack) im Alter von 18 Stunden ist nur 2,1 mm (2,0–2,2 mm) lang. Strich unter dem Bild = 1 mm.

N – Nach 84 Stunden hat der freie Embryo eine gut entwickelte Schwimmblase, aber noch nicht mit Gas gefüllt. Der Eidotter ist schon verzehrt.

O – Eine Stunde danach, d. h. im Alter von 85 Stunden, ist die Schwimmblase mit Gasen gefüllt. Die Protopterygiolarve, die durchschnittlich 3,70 mm (2,60–3,85 mm) lang ist, fängt an, frei zu schwimmen. In diesem Moment beginnen die Fütterungssorgen mit kleinstem lebendem „Staubfutter".

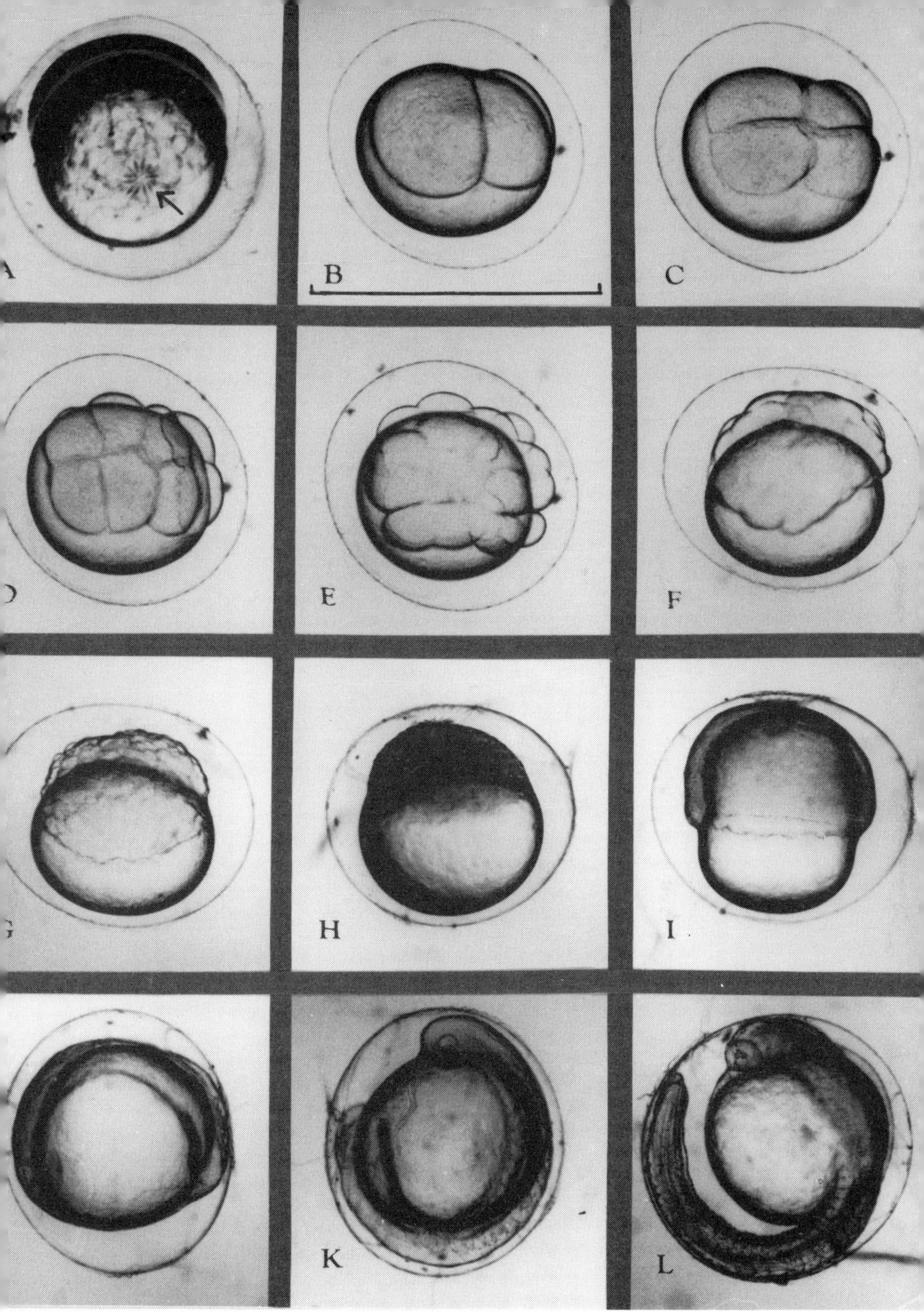
A
B
C
D
E
F
G
H
I
K
L

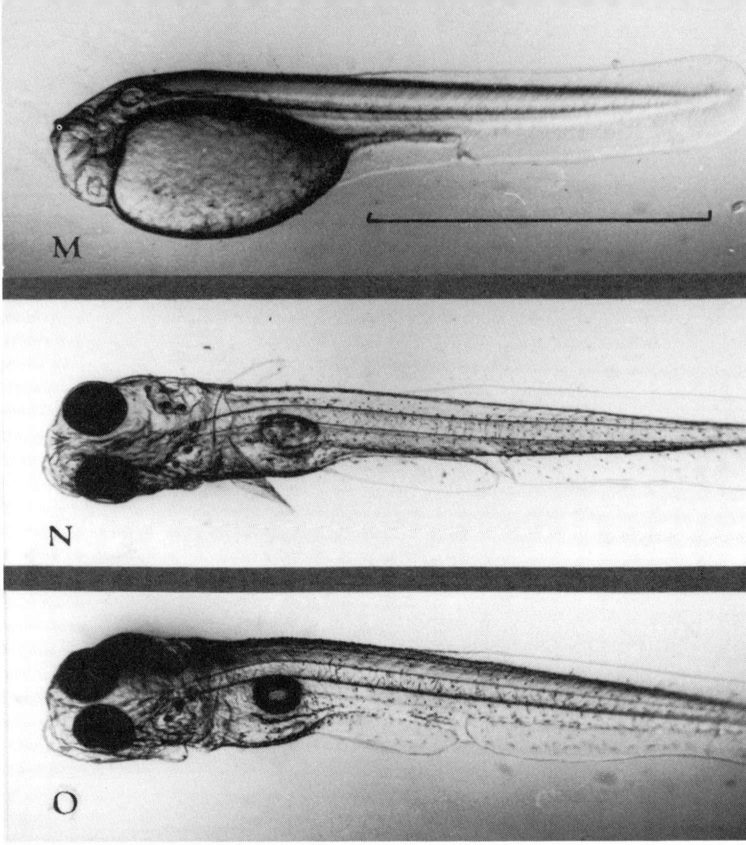

In einem bestimmten Entwicklungsstadium platzt die Eihülle, und der Embryo schlüpft. Am Anfang ist der freie Embryo (Eleutherembryo) noch während einer je nach Fischart bestimmten Zeit auf die endogene Nahrung vom Dottersack angewiesen (Mikrofoto M). In dieser Zeit heftet er sich mittels eines Sekrets der Haftdrüsen, die meistens am Kopf entwickelt sind, an das Substrat fest. Es können Pflanzen, Steine, aber auch Aquariumglasscheiben oder sogar Wasseroberflächenhäutchen sein. Zu dieser Zeit bewegt sich der Embryo minimal. Das Licht schadet den freien Embryonen nicht. Schädlich sind nur die sich oft wiederholenden starken Reize, wie schnell aufeinanderfolgende Änderungen der Lichtintensität (erst dunkel, dann sofort starkes Licht), Erschütterungen usw., denn der Eleutherembryo verbraucht viele Kräfte aus dem Dottersack nicht zum Körperaufbau, sondern zum nutzlosen Schwimmen, gewöhnlich hoch zur Wasseroberfläche. Dann sinkt er wieder zum Bodengrund herunter. Die regelmäßige Kontrolle der Brut mit Lichtreizen muß also bedächtig vorgenommen werden und möglichst kurz sein.

Sobald der Nährdottervorrat verbraucht ist, füllt der freie Embryo (Mikrofotos N und O) die Schwimmblase, beginnt waagerecht frei zu schwimmen und geht an die exogene (von außen in den Körper eingeführte) Nahrung, d. h., er beginnt mit dem Fang des Futters. Die larvale Periode kann man in zwei wichtige Phasen aufteilen:

1. Die protopterygiolarvale Phase (den ganzen Fischkörper umgibt ein einheitlicher Flossensaum, siehe Mikrofoto O).
2. Die pterygiolarvale Phase (der Flossensaum teilt sich an bestimmten Orten in die mit Knochenstrahlen unterstützten unpaaren Flossen).

Die larvale Periode dauert so lange an, bis der einheitliche Flossensaum total umgewandelt und die Wirbelsäule verknöchert ist.

Bei den meisten Fischarten entwickeln sich in der embryonalen und der larvalen Periode viele spezifische Organe, die funktionsmäßig noch nicht vorhandene bestimmte Organe ersetzen. Zum Beispiel atmen freie Embryonen anstatt mit den Kiemen mit einem Hilfsorgan, nämlich einem dichten Netz der Blutkapillare auf der Oberfläche des Dottersacks oder im unteren Teil des Schwanzflossensaumes. Deshalb sind schnelle Schwanzbewegungen der geschlüpften Embryonen, beispielsweise bei den Buntbarschen, gar nicht sinnlos, wie es auf den ersten Blick aussieht, sondern lebenswichtig, denn damit führen sich die Fischchen aus der Umgebung frisches und sauerstoffreicheres Wasser zu, wenn sie in einem Haufen auf einem Stein oder Pflanzenblatt dicht versammelt sind.

Ablaichen und Aufzucht der Jungtiere im Aquarium

Zum Ablaichen verwendet man je nach der Größe und entsprechend den Bedürfnissen der Fischart kleinere Vollglasbecken oder Aquarien, die mit Silikonkautschuk geklebt sind. Die Einrichtung ist möglichst einfach. Hauptaugenmerk richtet man darauf, daß Wasser, Temperatur und Durchlüftung für die Fischart optimal sind. Nach den Bedürfnissen müssen sich Einrichtung und Umgebung des Laichbeckens richten. Das Aquarium wird entsprechend beleuchtet oder beschattet und besonders vor übermäßigen Störungen in der Umgebung geschützt.

Ins Aquarium geben wir nur ein solches Laichsubstrat, das die Wasserqualität nicht beeinflussen kann und die Fische für ein erfolgrei-

ches Ablaichen unbedingt brauchen. Jede andere Dekoration ist zwecklos und deshalb überflüssig. Das Laichsubstrat kann selbstverständlich ganz verschieden sein. Es muß nach den Bedürfnissen der Fischart gewählt werden. Meistens handelt es sich um ein Büschel der feinfiedrigen Wasserpflanzen. Es können aber auch breitblättrige Wasserpflanzen gewünscht werden, die wir entweder an der Wasseroberfläche schwimmen lassen oder mit einem Stein (nicht Kalkstein) am Glasboden festhalten. Für andere Fische müssen wir vielleicht eine Höhle aus flachen Steinen bauen oder einen abgesägten Teil der Kokosnußschale verwenden. Eventuell nehmen die Fische einen umgekippten Blumentopf, ein Kunststoffrohr, Tonrohr, einen kleinen flachen Stein oder sogar ein vorher gut gereinigtes und abgespültes schwimmendes Stück einer Schaumstoffplatte u. a. an.
Wenn ein Paar die Eier nicht betreut, muß man es rechtzeitig herausfangen, damit das ganze Gelege ihm nicht zum Opfer fällt. Die Dauer der Entwicklung der Embryonen ist abhängig von der Art und währt Tage, Wochen oder Monate. Durch höhere Temperatur kann man die Embryonalentwicklung beschleunigen, aber nur bis zu einer Grenze. Bei zu hoher Temperatur können dagegen Schäden bei den Eiern und Embryonen auftreten. Während der ganzen Entwicklung muß man die Eier regelmäßig kontrollieren. Falls eine größere Anzahl Eier abstirbt oder sogar verpilzt, muß man die betreffenden Eier mit einer Pipette oder einem Glasröhrchen absaugen. Bei einer kleinen Menge verdorbener Eier oder vorbeugend ist es günstig, das Wasser zu desinfizieren, am besten mit Trypaflavin (Proflavin, Acriflavin), einem Farbstoff, der wenig giftig für Fische ist und Eier gegen viele Bakterien-, Pilz- und Protozoenkrankheiten recht gut schützt. Man verwendet diese Farbstoffe in einer recht schwachen Konzentration, z. B. 0,1–0,2 g auf 100 Liter Wasser.

Nach dem Ausschlüpfen liegen die Eleutherembryonen entweder auf dem Glasboden oder hängen sich an Wasserpflanzen und Glasscheiben. Zunächst verdauen sie die Nährstoffe aus dem Dottersack. Nach ein paar Stunden bis nach einigen Tagen, nämlich nach Auffüllung der Schwimmblase, beginnen die Protopterygiolarven, frei zu schwimmen und suchen sich Nahrung. Man muß dann gleich mit entsprechend kleinem „Staubfutter" anfüttern. Die meisten Fische nehmen am liebsten Rädertierchen und Cyclops-Nauplien auf. Einige kann man direkt mit etwas größeren Artemia-Nauplien füttern. Es gibt aber auch Spezialisten, die einen zu kleinen Mund oder

Schlund haben, denen wir die ersten zwei bis drei Tage z. B. Pantoffeltierchen *Paramecium* anbieten müssen. Auf keinen Fall darf man die Larven überfüttern.

Im Kleinraum des Vollglasbeckens verbringt die Brut gewöhnlich eine Zeit von zwei bis sechs Wochen, bevor wir sie in ein größeres, flaches Aquarium überführen können. Es ist deshalb erforderlich, das Wasser ganz sauber zu halten. Das schafft man vor allem durch gute Durchlüftung. Sobald es die Größe der Fischbrut erlaubt, baut man einen kleinen Innenfilter ein. Bei im Extraweichwasser ablaichenden Arten muß man nach dem Freischwimmen der Jungtiere mit regelmäßiger langsamer und kleiner Zugabe eines härteren, richtig temperierten Frischwassers anfangen. Das muß rechtzeitig geschehen, bevor plötzlich bei dem ursprünglich zu weichem Zuchtwasser der pH-Wert unter die für die Fische kritische Grenze fällt. Durch die langsame Zugabe des härteren Wassers gewöhnt sich die Brut recht gut an die höhere Alkalität; damit ersparen wir uns viele Sorgen bei weiterer Aufzucht. Es ist günstig, auch regelmäßig den Nitritgehalt zu kontrollieren, Detritus sowie Futterreste ständig abzusaugen und gleichzeitig einen entsprechenden Teilwasserwechsel vorzunehmen.

Wenn wir den Stein mit einem Eigelege, z. B. bei Buntbarschen, Süßwassergrundeln usw. ins Vollglasbecken ohne Eltern setzen wollen oder müssen, verfahren wir ebenso.

Sobald es die Größe der Jungfische erlaubt, gießt man sie in ein größeres, flaches und langes Aufzuchtaquarium mit gut abgestandenem Wasser, das richtig temperiert sein muß. Es ist selbstverständlich, daß die Beschaffenheit des Wassers in beiden Becken gleich sein sollte. Das erreicht man relativ leicht durch ständiges Säubern des Vollglasbeckens und Nachfüllen mit abgestandenem, neuem Wasser. Noch etwas ist wichtig. Ein Becken mit 10 Liter Inhalt ist für zwei- bis dreihundert Jungfische auf den ersten Blick schon lange zu eng, aber das Aufzuchtaquarium sollte dagegen auch nicht verhältnismäßig zu groß sein. Kleine Fische, die nämlich plötzlich in einen zu großen Raum überführt werden, fühlen sich dort oft nicht wohl, sind desorientiert, beginnen in den ersten Tagen schlecht das angebotene Futter zu nehmen, verlangsamen das Wachstum oder magern sogar ab.

Das Aufzuchtaquarium sollte schon ein normal eingerichtetes Bekken mit Sandbodengrund, Pflanzen, genügender Durchlüftung und

Wasserfilterung sein. Die Filter sollten leicht zu reinigen sein. Bei größerem Fischbesatz ist es nötig, die Filtermasse möglichst oft zu reinigen, durchzuspülen oder sogar zu wechseln.

Leicht kann sich im Filtertopf Detritus anhäufen, das ist sehr gefährlich. Vor allem muß man undurchsichtige Filter öfter prüfen. Detritusflocken werden in kurzer Zeit in der Dunkelheit bei Sauerstoffmangel nämlich teilweise hydrolysiert (gespalten), leicht und schnell kann das zur Vergiftung der Fische durch entstandene Stickstoffprodukte führen. Und noch eine Bemerkung. Ein großer Unfug ist es, in das Aufzuchtbecken Jungtiere unterschiedlicher Größe oder sogar verschiedener Arten zusammen zu halten. Die größeren Geschwister attackieren im allgemeinen die kleineren, die dann bald abmagern und eingehen. Viele Fischarten sondern außerdem bestimmte bis jetzt wenig bekannte Stoffe ab, die das Wachstum anderer verhindern (inhibieren) und manchmal sogar für andere Fische giftig sein können.

Wachstum und Heranreifen der Jungfische sind artabhängig und deshalb recht unterschiedlich. Zum Beispiel sind einige Eierlegende Zahnkarpfen in drei bis vier Wochen vollkommen ausgewachsen und laichfähig. Große Cichliden dagegen, wie beispielsweise Diskusfische, werden erst nach anderthalb bis zwei Jahren geschlechtsreif. Man muß das bei der Auswahl der Aquarien berücksichtigen und die Fische je nach Größe individuell sortieren und umsetzen.

Verhalten der Fische in der Natur und in der Gefangenschaft einschließlich Brutpflege

Wie jedes Lebewesen ist auch der Fisch im übertragenen Sinne ein Produkt seiner Umweltbedingungen. Das Verhalten ist deshalb von allen bereits erwähnten und noch vielen weiteren Faktoren abhängig. Sie beeinflussen ihn entweder direkt oder indirekt. Die vergleichende Ethologie (Verhaltensforschung) beschäftigt sich mit dem Verhalten der Fische, weil Fischarten sich oft stark unterschiedlich bei den gleichen Tätigkeiten oder in verschiedenen Situationen benehmen.

Jeder Fisch hat ein recht großes Verhaltensinventar, das man in verschiedene Funktionskreise wie Kampf-, Balz-, Brutpflegeverhalten usw. unterteilt. Innerhalb eines Funktionskreises können die Verhaltenselemente angeboren oder erlernt sein. Die Verhaltensweise erfolgt aufgrund eines Anlasses. Bestimmte Reize lösen ein bestimmtes Verhalten aus. Als Schlüsselreize dienen meistens einfache Farb- oder Berührungsreize, Wasserströmung u. a. Bei jeder Fischart ist das Verhalten bei Nahrungssuche, -wahl und Nahrungsaufnahme genetisch fixiert (angeboren).

Durch Tarnung, Flüchten oder sogar Anwendung von ,,Waffen'', z. B. Gebiß, scharfe Stacheln, giftige Drüsen oder Schleim u. a., können sich Fische schützen (Schutzverhalten). Untereinander können sie friedlich oder aber auch räuberisch sein. Eine sogenannte Symbiose bringt den beteiligten Partnern Nutzen, wie man es z. B. bei der Putzsymbiose beobachten kann. Ruhelagen, Schlaf und Gähnen kann man als Ruheverhalten bezeichnen.

Sehr wichtig sind die Beziehungen zu den Artgenossen. Viele Fische bilden mehr oder weniger feste Schwärme. Unter Schwarmverhalten versteht man die Aggregationen zu anonymen und individualisierten Verbänden. Fische können untereinander aggressiv, werbend, ängstlich oder auch indifferent (gleichgültig) sein. Zweifellos ist das Verhalten der Fische sehr kompliziert und vielfältig. Uns interessiert aber vor allem das Fortpflanzungsverhalten. Ein paar Grundbegriffe sollte man kennen, wenn man sich damit beschäftigt.

Kampf – Fische kämpfen praktisch das ganze Leben um etwas, aber nie so intensiv wie in der Fortpflanzungszeit. Partner beim Kampf sind meistens Artgenossen oder sogar Geschlechtsgenossen. Selten kämpft man um die Nahrung, jedoch oft um Wohngebiete, Fortpflanzungsreviere, Weibchen und bei brutpflegenden Fischen um die Nachkommenschaft. Beim Kampfverhalten kann man verschiedene Phasen unterscheiden:

1. Drohen durch Vergrößern des Körperumrisses mit Querstellung oder Frontaldrohen.
2. Drohen durch Breitseite und gleichzeitig mit Schwanzschlägen.
3. Karussellschwimmen; dabei schwimmen die Fische in engen Kreisen mit dem Kopf am Schwanz und versuchen, sich zu rammen oder zu beißen.
4. Maulkampf besteht aus Maulklatschen, Maulpacken oder sogar Maulbeißen.
5. Flucht. Der unterlegene Gegner flüchtet und nimmt eine Demutstellung ein, die meist mit einer Demutfärbung verbunden ist.

Territorien – Territorien oder Reviere beanspruchen mehr oder weniger alle Fische, egal ob es sich um Buntbarsche, Labyrinthfische, Salmler oder Barben handelt. Eine Balzstelle kann z. B. stundenlang verteidigt werden. Das Territorialverhalten beeinflußt stark die gleichmäßige Verteilung der Vertreter einer Fischart über einen bestimmten Lebensraum. Es sichert nicht nur die Nahrungssuche jedes Exemplares, sondern sorgt auch für Sicherheit, Nachkommen aufziehen zu können.

Paarung – Darunter verstehen wir eine Vereinigung von zwei Partnern verschiedenen Geschlechts. Obwohl bei den meisten Fischen eine äußere Eibefruchtung stattfindet, können wir diesen Ausdruck hier ebenfalls benutzen. Der Paarung gehen verschiedene lange und typische Vorspiele voraus. Es ist vor allem die sogenannte Balz, die den Zweck hat, anzulocken, sich zu erkennen, mit dem Partner gleichzuschalten oder die Paarung mit einem artfremden Partner zu verhindern.

Brutpflege – Fische kümmern sich entweder um die abgelegten Eier nicht oder sie treiben Brutpflege. Außerdem gibt es auch Laichräuber. Die Brutpflege kann verschieden stark entwickelt sein. Offenbrüter legen die Eier in ein Schaumnest oder auf ein Substrat, z. B. Pflanzen, Steine, Wurzeln. Es gibt auch Höhlenbrüter und Maulbrüter, die die Eier im Kehlsack – Weibchen oder Männchen oder abwechselnd – erbrüten. Eine besondere Gruppe sind die lebendgebärenden Fische. Bei ihnen entwickeln sich die Embryonen entweder in der Bauchhöhle oder in einer Bruttasche. Nach der Paarung, besser gesagt durch die Kopulation der Lebendgebärenden Zahnkarpfen, kommt es zu einer inneren Befruchtung der Eier im Leib der Weibchen.

Die Schlüsselreize lösen verschiedene Reaktionsketten aus. Bei der Fortpflanzung kann man von folgender Reihenfolge ausgehen: Nestbauverhalten – Materialtransport – Drang – Revierverhalten und Appetenzverhalten. Die Verhaltensweisen sind verschieden stark und hierarchisch eingeordnet. Der eigentliche Fortpflanzungstrieb beispielsweise ist dem Verhalten bei der Paarung, Brutpflege und dem Nestbau übergeordnet. Untergeordnet der Paarung und Brutpflege sind z. B. Schaumbildung, Sammeln von Nistmaterial usw. Es kann also leicht passieren, daß ein Paar der Honigguramis *Colisa chuna* unter denselben äußeren Bedingungen recht unterschiedlich ablaicht. Bei dieser Art bieten sich zwei Möglichkeiten an:

a) Wir setzen zum Ablaichen zwei in gleichem Maße ausgereifte Partner ins Laichbecken. Das Männchen baut ein riesiges Schaumnest mit 10 cm Breite und 4 cm Höhe. Zum Ablaichen kommt es erst nach zwei Tagen.

b) Zum Ablaichen setzen wir ein „volles" Weibchen, d. h. mit gutausgereiften Eiern, mit einem laichwilligen Männchen ein.

Das Männchen hat nun nicht viel Zeit zum Nestbau. Es bildet entweder nur ein paar Luftblasen oder schafft keine Blasen mehr, weil es schon nach einigen Minuten mit dem Weibchen ablaicht. Es pflegt dann die Eier in einem Klumpen an der Wasseroberfläche bis zum Schlüpfen oder baut verschieden spät nach dem Laichgeschäft nur ein kleines Schaumnest auf.

Bei dem Paarungsverhalten sind folgende Phasen allgemein charakteristisch:

Aussuchen des Weibchens oder Männchens,
dem Weibchen oder Männchen näherkommen,
Imponieren, im Zickzack führen, Flucht, Verschwinden,
Nest, Einladungsgeste, Aggression,
zum Laichplatz oder Nest leiten, dem Männchen folgen,
Paarungseinladung (Aggression), Stupsen,
Zusammenschwimmen, Anlegen der Flossen,
Schräglage oder andere Stelle annehmen,
sich dem Männchen oder Weibchen an die Seite drängen,
Laichakt mit Zittern, Rucken, Stoßen, Überkippen, Orgasmus,
Samen- und Eiausstoß,
Auseinanderschwimmen oder Starre, Lösen der Umklammerung bei Labyrinthfischen, Erholung, normale Schwimmlage einnehmen,
Weibchen beobachten bzw. angreifen, beißen, Flucht des Weibchens.

Die vielen anderen Situationen werden im weiteren Text näher beschrieben oder sind aus den Bildern ersichtlich.

Zum Schluß dieses Kapitels noch einige Sätze zum Verhalten der Fische in der Natur und in der Gefangenschaft. Wir dürfen nicht nur an einen einzigen Faktor denken, z. B. an den notwendigen Raum im Aquarium. Jeder Aquarianer weiß, daß große Buntbarsche oft recht streitsüchtig oder sogar räuberisch sind. Es ist deshalb kein Wunder, wenn in der freien Natur bei der Fortpflanzung einschließlich

Paarung und Brutpflege das stärkste Männchen oft ein recht großes Revier beansprucht und verteidigt. Es handelt sich meistens um einen Raum mit mehreren Quadratmetern, in dem einige Weibchen z. B. in Sandgruben ihre Nachkommenschaft betreuen. Die jüngeren und kleineren Männchen betrachtet das große Männchen aufgrund der bestehenden Rangordnung nicht als Rivalen, sie können sogar ruhig mit einzelnen Weibchen laichen. Das große Männchen schützt vor allem das verhältnismäßig umfangreiche Revier vor allen Feinden, die von draußen kommen und oft viel größer sind.

Im Aquarium ist die Lage anders. Niemand kann das Wohnzimmer mit Wasser füllen, in dem die Fische genug Platz hätten. Der Raum im Aquarium ist also zu klein, wir setzen nur zwei Fische ein, nämlich das Zuchtpaar, und die Einrichtung ist oft ungeeignet. Das eventuell auftretende aggressive Verhalten kann oft schon durch ein paar richtig eingebaute Verstecke in ein harmonisches Familienleben der betreffenden Fische geändert werden. Vom Züchter hängt es ab, wie gut er seine Pfleglinge durch Beobachten kennt und versteht. Das natürliche Verhalten ist nicht unabänderlich, man braucht nur viel Geduld und Grundkenntnisse, damit im Aquarium Ersatzbedingungen geschaffen werden, die den Fischen ein „Ersatzverhalten" ermöglichen. Die Ethologie, eine sonst mit Recht weltweit anerkannte Wissenschaft, arbeitet bis jetzt nach unserer Meinung mit vielen Hypothesen (noch unbewiesene Annahme als Hilfsmittel für wissenschaftliche Erkenntnisse) und auf Indizien begründeten Theorien. Deshalb kann man die ethologischen Resultate oft schwer verallgemeinern, vor allem dann, wenn es sich um Vergleiche zwischen Naturbeobachtungen und Erfahrungen in der Gefangenschaft handelt.

Balzspiele der Fische

Echte Afrikanische Salmler *Alestidae*

Diese kleinen Fische sind in Afrika von Ägypten bis nach Sambia weit verbreitet. Sie haben einen seitlich stark abgeflachten, langgezogenen Körper, leben ausschließlich in fließenden Gewässern und ernähren sich hauptsächlich von Anfluginsekten, die sie von der Wasseroberfläche schnappen. Einige Arten sind sogar auf schwärmende Ameisen und Termiten spezialisiert. Die meisten Arten dieser Familie sind Freilaicher, d. h. sie laichen im freien Wasser in der Nähe von Wasserpflanzen, Holzstücken, Holzästen, aber auch Steinen usw. Ihre Eier sind bei einem Vergleich zu denen der Echten Südamerikanischen Salmler *Characidae* groß. Die Jungfische schlüpfen spät, d. h. etwa nach 6 Tagen. Sie sind dann voll entwikkelt, ohne Dottersack, schwimmen sofort frei und suchen Nahrung.

Langflossensalmler *Brycinus longipinnis*

In allen westafrikanischen Gewässern ist dieser schwimmfreudige Schwarmfisch weit verbreitet. Das Männchen ist größer als das Weibchen und hat voll erwachsen eine ausgebuchtete hell- bis blauweiß gesäumte Afterflosse, sichelförmig ausgezogene und ausgefranste Rückenflosse und lange fadenförmige Bauchflossen. Das Foto zeigt ein junges Paar. Im Schwarm fällt immer ein Leittier auf, das die anderen Männchen jagt. Sie sind dem dominierenden Männchen untergeordnet und blasser gefärbt. Die Fische laichen im freien Wasser nahe einer Pflanze, eines Holzastes oder Steines usw. ab. Oft gefällt eine Kunststoffpflanze dem Paar so sehr, daß die Tiere überhaupt nicht mehr laichen, wenn man die Pflanze herausnimmt. Bringt man die Kunststoffpflanze ins Becken zurück, ändert sich das Verhalten der Fische, und sie laichen in ein paar Minuten ab.

Laichende Paare bilden offensichtlich Laichreviere, was bei Salmlern meistens nicht so ausgeprägt zu beobachten ist. Das laichwillige Männchen jagt alle schwächeren Männchen in eine Ecke des Aquariums. Das Becken sollte deshalb mindestens 200 Liter fassen. Zunächst jagt das Männchen auch die Weibchen, später treibt und zeigt es mit gespreizten Flossen einzelnen Weibchen den Weg zum vorgesehenen Laichplatz. Zuerst flüchten die Weibchen weg, dann lassen sie sich etwas sagen und schwimmen kurz in der vom Männchen angedeuteten Richtung. Sofort schwimmt das Männchen seitlich an das Weibchen heran und legt die unpaaren Flossen an den Körper, der mit seiner Mitte zum Kopf des Weibchens durchgebogen ist. Dabei geht ein gut sichtbares Zittern durch Körper und Flossen des Männchens. Wenn das Weibchen reife Eier trägt, folgt es dem paarungswilligen Männchen bis zum Laichplatz. Den ganz genauen Laichplatz wählt das Weibchen offensichtlich erst im letzten Moment mit einem Verharren an einem bestimmten Ort. Das Männchen reagiert sofort mit einer Umdrehung, schwimmt blitzschnell zurück, setzt sich an eine Seite des Weibchens, drückt sich an, zittert kurz, und nach einem heftigen Ruck entfernen sich die Tiere voneinander. Sofort ist das Männchen aber wieder da und beobachtet die langsam zum Bodengrund sinkende Eiwolke. Wehe dem Weibchen oder anderen Schwarmgenossen, die darauf Appetit bekommen. Sie erhalten vom Männchen einen solchen Stoß, daß sie möglichst schnell weiterschwimmen. Ein laichendes Männchen frißt die Eier nie, das Weibchen dagegen versucht es oft. Das Männchen laicht meistens nur mit einem Weibchen, seltener mit zwei oder sogar drei Weibchen zu gleicher Zeit an einem Tag. Das Ablaichen verläuft vor allem in den späteren Nachmittagsstunden oder sogar gegen Abend. Am liebsten werden Laichplätze am schattigen Ort und 15 – 20 cm oberhalb des Bodengrundes gewählt.

Die Eier sind glasklar, deshalb durchsichtig und 2,5 mm groß. Die Eleutherembryonen schlüpfen bei einer Wassertemperatur von 26–28° C nach 6 Tagen aus. Sie sind durchschnittlich 7,25 mm lang, voll entwickelt, tragen noch winzig kleine Dottersackreste, füllen sofort die Schwimmblase und beginnen, frei zu schwimmen. Zunächst schwimmen sie ein bißchen eigenartig mit dem Kopf schräg nach oben, in einem Winkel von 30–45°.

Das Wasser im Zuchtbecken sollte weich sein (bis 3° dGH). Ein paar Torumintropfen (1 Tropfen pro 1 Liter Wasser) beeinflussen die Embryonalentwicklung recht günstig. Die frei schwimmenden Jungfische sind vom ersten Augenblick an imstande, selbst Artemia-Nauplien leicht zu überwältigen und mit Appetit zu fressen.

Voll erwachsene Langflossensalmler sind bei guter Pflege im Aquarium Dauerlaicher. Sie laichen in 2–6tägigen Zeitabständen oft meh-

Brycinus longipinnis Zuchtpaar, oben Männchen, unten Weibchen.
Phenacogrammus interruptus oben Männchen, unten Weibchen.

rere Monate lang. Dann machen sie eine kurze Pause (14 Tage bis 3 Wochen) und pflanzen sich wieder weiter fort. Falls diese Fische einmal laichunwillig sind, ist das meistens auf unrichtige Haltung und dabei vor allem auf falsche Ernährung zurückzuführen. Junge und auch erwachsene Exemplare benötigen ständig klares, reines, gut gefiltertes und durchlüftetes Wasser. Bei schwacher Durchlüftung schlüpfen Jungfische schlecht aus der Eihülle. Man sollte nicht nur Daphnien und Tubifex füttern, sondern vor allem auch Insektenlarven (Schwarze und Rote Mückenlarven) sowie Insekten reichen, die man leicht an einer Wiese (nur im Sommer) mit einem Netz sammeln kann und nach dem Aussieben je nach der Größe und Bedarf verfüttert. Als Auslöser zum Laichen brauchen Langflossensalmler offensichtlich Hormone, die in großer Menge in Insekten gespeichert sind. Fast den gleichen Erfolg erzielt man aber auch mit gefriergetrockneten Roten Mückenlarven und mit im Wasser tropfenweise angekochten Hühnereiflocken.

Kongosalmler *Phenacogrammus interruptus*

Fließende Gewässer des mittleren Kongogebietes bewohnt dieser wunderschöne Salmler. Das Männchen wird größer als das Weibchen, und seine mittleren Schwanzflossenstrahlen bilden einen dritten Schwanzflossenlappen. Bei der Nachzucht stellt er ähnliche Anforderungen wie der Langflossensalmler. Allerdings liebt er viel mehr Licht. Er laicht sogar am liebsten in einem großen Aquarium, das von der Sonne stark bestrahlt wird. Die Zuchtfische laichen in ähnlicher Weise wie die vorige Art nahe der Wasseroberfläche ab (10–20 cm unter dem Wasserspiegel); doch bevorzugen sie ein Bekken, das tief genug ist (mindestens 40–60 cm). Die Eier sind groß und leicht bräunlich gefärbt. Verhalten beim Laichen gleicht dem des Langflossensalmlers, Haltung und Nachzucht ebenso.

Echte Amerikanische Salmler *Characidae*

Die Vertreter dieser Familie bewohnen die mittel- und südamerikanischen Gewässer. Fast alle Arten werden nicht größer als 10 cm und sind aufgrund ihrer schönen bunten Ausfärbung ideale Pfleglinge für Gesellschaftsaquarien. Halbwüchsige und erwachsene Amerikanische Salmler gedeihen gut im Leitungswasser, soweit seine Härte nicht 15° dGH überschreitet. Die Entwicklung der Eier und

Embryonen ist dagegen bei vielen Arten nur im sehr weichen Wasser mit dem Zusatz des Torfextraktes oder Torumins möglich. Sie sind Freilaicher, Haftlaicher, selten erfolgt innere Befruchtung.

Bei der Nachzucht werden also die Eier im freien Wasser über einem Pflanzenbüschel oder in ein Pflanzenbüschel abgelegt. Sie sind meistens klein, d. h. 1–1,5 mm im Durchmesser. Die Eleutherembryonen schlüpfen je nach Art und Temperatur unvollkommen entwikkelt schon nach 18 bis 36 Stunden, manchmal noch früher. Sie haben einen großen Dottersack und auf dem Kopfscheitel Zellengruppen, die ein klebriges Sekret absondern. Durch die Haftdrüse heften sich die Eleutherembryonen an das Substrat. So sehen wir sie an Pflanzen, Steinen, Holzstücken, aber auch Glasscheiben oder sogar an dem Wasseroberflächenhäutchen hängen. Nach dem Aufzehren des Dottersacks, gewöhnlich nach etwa 5 Tagen, beginnen die Protopterygiolarven nach dem Auffüllen der Schwimmblase, sich waagerecht freizuschwimmen und Nahrung zu suchen.

Salmlerembryonen sind gegen Alkalität bzw. Karbonathärte empfindlicher als gegen Nichtkarbonat- bzw. Sulphathärte. Der pH-Wert sollte im schwach sauren Bereich liegen, d. h. zwischen 6–7. Von Anfang an fressen Protopterygiolarven je nach Größe sogenanntes lebendes „Staubfutter" (Rädertierchen, *Cyclops*-Nauplien, *Artemia*-Nauplien usw.). Es ist günstig, sofort nach dem Freischwimmen täglich ins Zuchtbecken eine kleine Menge des härteren Leitungswassers zuzugießen. Einerseits gewöhnt sich die Brut langsam an ein Wasser mit höherem Salzgehalt, andererseits hat das härtere Wasser durch höhere Alkalität eine bessere Pufferfähigkeit, d. h. die Fischchen sind vor einem überraschend, plötzlich ungünstig absinkenden pH-Wert geschützt. Eine größere Abnahme des pH-Wertes mit gleichzeitigem Anreichern der Stickstoffe in Form von Nitraten oder sogar Nitriten wirkt sich auf die Brut recht ungünstig aus. Anfangs werden die Fische zusätzlich durch verschiedene bakterielle Krankheiten oder Pilz-Krankheiten stark geschwächt, später bei größerer Konzentration direkt vergiftet. Extra niedrige pH-Werte und eventuell einen größeren Nitritgehalt vertragen nur wenige Arten der Characiden, z. B. der Kaisertetra *Nematobrycon palmeri*.

Rotflossensalmler *Aphyocharax anisitsi*

Diese Art hat sich im Aquarium gut akklimatisiert. Sie stammt aus den südamerikanischen Gewässern des Systems des Paraná.

Männchen sind schlanker als Weibchen und haben eine weiße Vorderkante an den Bauchflossen sowie eine weiße Afterflossenspitze. In der Laichzeit ist das Männchen prächtig gefärbt, After- und Schwanzflosse strahlen dann blutrot. Relativ gut werden Temperaturschwankungen vertragen, die normale Temperatur sollte zwischen 22 und 24° C liegen. Das Wasser muß immer kristallklar sein und gut gefiltert und durchlüftet werden. Außerdem sollte es mittelhart sein mit neutraler bis schwach alkalischer Reaktion (pH-Wert 6,8–7,4). Der Schwarmfisch liebt ein gut bepflanztes Becken und viel Sonnenlicht. Bei einer Größe bis 5,5 cm wirkt er recht zart.

Das Zuchtpaar laicht am liebsten frühmorgens in einem von der Sonne bestrahlten Aquarium. Nie jagt das prächtig gefärbte Männchen das Weibchen, sondern es imponiert seitlich mit breit gespannten Flossen und führt die Partnerin zum Pflanzendickicht. Die Eier werden auf Tausendblatt oder anderen feinfiedrigen Wasserpflanzen abgelegt. Etwa 1 mm groß und glasklar sind sie. Nur im Gegenlicht kann man sie mit bloßem Auge erkennen. Ein Teil der Eier bleibt bei jedem Laichakt an den Pflanzen hängen, der Rest sinkt zum Bodengrund.

Nach dem Ablaichen muß man die Eltern herausfangen, sonst verspeisen sie in kurzer Zeit die Eier. Eleutherembryonen schlüpfen nach 30 Stunden und hängen sich recht fest an Wasserpflanzen, Glasscheiben und häufig an das Wasseroberflächenhäutchen. Nach etwa weiteren 5 Tagen beginnen die Protopterygiolarven, frei zu schwimmen und Nahrung zu suchen. Während dieser Zeit muß man die Brut mit feinstem „Lebendstaubfutter" anfüttern, am besten mit Rädertierchen und kleinsten *Cyclops*-Nauplien. Jungfische wachsen ziemlich schnell. Halbwüchsige Exemplare fressen nicht nur lebendes Futter (*Cyclops,* Wasserflöhe) entsprechender Größe gern, sondern nehmen auch gutes Trockenfutter.

Rathbuns Rotflossensalmler *Aphyocharax rathbuni*

Aufgrund seiner Größe von 4,5 cm ist dieser aus Paraguay stammende Salmler für die Haltung im Aquarium und zur Nachzucht gut geeignet. Die Grundfarbe ist Graugelb bis Olivgrün mit einem glänzenden Schimmer überzogen. Beim Weibchen sind der untere Teil des Schwanzstiels sowie die Basis der After- und Schwanzflossen kräftig rot. Balzende Männchen wirken in der Balz- und Laichzeit

Aphyocharax anisitsi vorn Männchen, hinten Weibchen.
Aphyocharax rathbuni oben Männchen, unten Weibchen.

wunderschön. Der ganze Körper glänzt bronzefarben bis goldfarbig und Rückenflosse, Afterflosse sowie Bauchflossen sind mit porzellanweißen Spitzen geziert. Bei einigen Männchen sind sogar die Außenkanten der beiden Schwanzflossenlappen weiß gesäumt. Das Weiß in der Rücken- und Afterflosse wird noch durch jeweils schwarze Flecke betont.

Die Fische lieben schattige Becken. Sie laichen in den Vormittagsstunden, und bei hellem Grund wählen sie Laichplätze nahe der Wasseroberfläche. Bei schwarzem Grund (schwarzes Papier unter das Laichaquarium legen) suchen sie mittlere bis untere Wasserschichten auf und ziehen *Microsorium*-Büschel (Javafarn) anderen Wasserpflanzen gegenüber vor.

Die Tänze, Balz und Imponieren der Männchen sind faszinierend. Sie dauern so lange, bis das Weibchen auf das Locken des Männchens reagiert und schräg mit dem Kopf nach oben zu den Pflanzen schwimmt. Den Laichplatz wählt das Weibchen. Blitzschnell kommt das Männchen zu ihm, es folgt eine schwer bemerkbare Umdrehung der beiden Partner und Eier sowie Samen sind ausgestoßen.

Glasklar sind die nur 0,8–0,9 mm großen Eier. Für das Ablaichen und die Entwicklung der Eier und Embryonen sind eine Temperatur von 26–27° C, ein mittelhartes Wasser um 10° dGH mit einem Anteil an Karbonathärte von etwa 2° dKH und eine neutrale bis schwach alkalische Reaktion (pH-Wert 7,0–7,6) günstig. Der Chloridgehalt darf bis 80 mg pro 1 Liter Wasser betragen. Unter diesen Bedingungen schlüpfen die Eleutherembryonen schon nach 16 bis 18 Stunden und sind nur 2,1 mm (2,0–2,2 mm) lang. Die Protopterygiolarven im Alter von 85 Stunden sind 3,70 mm (3,6–3,85 mm) lang, füllen die Schwimmblase auf und fangen an, frei zu schwimmen. Mit Appetit nimmt die Brut selbst größeres, aber nur lebendes „Staubfutter", z. B. Artemia-Nauplien.

Die Aufzucht ist leider schwer. Jungfische kriechen im Aquarium dicht aneinandergedrängt mit dem Rücken zum Pflanzenlaichsubstrat und ebenso zu den Beckenscheiben sowie allen anderen Gegenständen der Inneneinrichtung wie z. B. zum Thermometer usw. umher. Eine merkwürdige Schau bieten sie beim Kriechen am Glasboden, dem sie den Rücken gekehrt haben; dabei ragen die vollgefüllten Bäuchlein mit orangefarbenen *Artemia*-Nauplien empor. Das ständige Winden mit dem Körper wirkt auf den Betrachter recht ungewöhnlich. Dieses „unnatürliche" Verhalten dauert sehr lange, oft

2 bis 3 Monate. Erst dann nehmen die Jungfische endgültig eine waagerechte Lage mit dem Bauch nach unten ein wie alle anderen Characiden und halten sich in dem oberen Drittel der Wasserschichten auf.

Sehr langsam wächst also die Brut, leider ist sie in dieser Zeit recht anfällig für bakterielle Krankheiten und Pilzkrankheiten. Am besten kann man durch sorgfältige Sauberkeit vorbeugen. Eine regelmäßige Zugabe Torumin wirkt ausgezeichnet. Am Anfang der Aufzucht haben sich 1 ml Torumin pro 1 Liter Wasser und ein täglicher Teilwasserwechsel bestens bewährt. Das neue Wasser muß selbstverständlich abgestanden und richtig temperiert sein. Außerhalb der Laichzeit und für die Aufzucht genügt eine Wassertemperatur um 24–25° C.

Die Fische sind erst nach 6 bis 8 Monaten geschlechtsreif. Halbwüchsige und erwachsene Exemplare sind weniger empfindlich, doch wünschen sie kristallklares, chemisch reines und mittelhartes Wasser. Am besten gedeihen sie im Artbecken. Ausgewachsene Fische nehmen nicht nur Lebendfutter, sondern fressen auch ein gutes Trockenfutter, von dem das Wasser nicht getrübt wird, wie z. B. fein zerriebenes TetraMin.

Neontetra *Paracheirodon innesi*

Im oberen Amazonasgebiet und im Rio Purus wurde der Neontetra gefunden. Das Männchen ist schlanker als das umfangreichere und gewöhnlich größere Weibchen. Die bis 4 cm langen Tiere laichen im Aquarium im Schwarm recht willig, die Eier entwickeln sich aber im mittelharten Wasser nicht. Für eine erfolgreiche Nachzucht verwendet man am besten ein etwa 10 Liter fassendes Vollglasbecken, ein Büschel Javamoos und weiches Wasser um 1–3° dNKH. Die Karbonathärte darf nicht 0,3° dKH übersteigen. Der optimale pH-Wert liegt zwischen 6,2 und 6,8. Eine kleine Torfextraktzugabe, etwa 1–2 ml oder etwa 5 Tropfen Torumin in 10 Liter Wasser ist unbedingt nötig, damit die Brut sich so entwickelt, daß sie später frei schwimmen kann. Eine größere Torfextraktmenge oder zuviel Torumin hemmen dagegen die Entwicklung oder verursachen sogar ein Absterben der Brut vor oder während der Zeit des Freischwimmens. Die Temperatur des Laichwassers sollte 23–24° C betragen.

Nach dem Einsetzen des Zuchtpaares zeigt ein Weibchen mit ausgereiften Eiern seine Laichwilligkeit mit Schwimmen entlang den

Aquarienwänden an – meistens schon am nächsten Tag. Das Männchen reagiert darauf mit ständigem Jagen und Treiben. Wenn das Weibchen irgendwo kurz stehenbleibt, ist das Männchen sofort da und imponiert seitlich oder sogar quergestellt. Dabei ist der vordere Teil seiner Rücken- und Afterflosse gut wahrnehmbar rötlich gefärbt. Das laichwillige Weibchen schwimmt endlich zum Pflanzengewirr, steckt den Kopf in das Pflanzendickicht oder bleibt kurz oberhalb der Pflanzenbüschel „stehen". Das nützt das Männchen aus und drückt sich von einer Seite her an das Weibchen an. Beide Fische machen auf verschiedene Weise eine schnelle Umdrehung, manchmal mit Umkippen eines Partners oder beider Exemplare; die Umdrehung muß nicht unbedingt waagerecht, sondern kann auch schräg oder sogar senkrecht erfolgen mit dem Kopf nach oben, mit dem Kopf nach unten oder – wenn waagerecht – mit dem Bauch nach oben, was aber keine Regel ist. Nach der Paarung trennen sich die Tiere, und eine kleine Eiwolke sinkt in das Pflanzendickicht. Nicht selten finden einige Laichakte auch im Freiwasser statt, meistens in einer Ecke des Aquariums.

Das Zuchtpaar muß man sofort nach dem Ablaichen herausfangen, sonst werden alle Eier in kurzer Zeit gefressen. Bei 24° C schlüpft die Brut nach 24 Stunden und schwimmt sich nach weiteren 5 Tagen frei. Nach 14 Tagen färben sich die Fischchen rötlich, und 18 bis 21 Tage nach dem Freischwimmen erscheint endlich die grünblauglänzende Längsbinde. Die Brut nimmt nur lebendes „Staubfutter" auf, am besten eignen sich Rädertierchen und *Cyclops*-Nauplien als Futter. Wenn nur *Artemia*-Nauplien gefüttert werden, wachsen die kleinen Fischlein sehr langsam, viele magern ab und gehen ein.

Außerhalb der Laichzeit sollte man die Zuchtfische bei niedriger Temperatur halten, am besten bei 16–22° C. Weibchen zeigen dann bald guten Laichansatz und sind recht laichwillig. Wenn man die Fische aber ständig bei höheren Temperaturen hält, d. h. über 24° C, und gut füttert, verlassen die überreifen Eier die Bauchhöhle des Weibchens ohne Anwesenheit des Männchens. Ein solches Weibchen wird später schlank sein, mit geradlinigem Bäuchlein wie das Männchen, an das es auch durch das Verhalten erinnert. Solche Weibchen zeigen eine rötliche Rückenflosse wie laichwillige Männchen, sie sind untereinander unverträglich, bissig und zu einer weiteren Zucht meist unfähig. Ähnlich ungünstig wirkt auf ein vollausgereiftes Weibchen im Laichbecken eine höhere Temperatur als 24° C. Im solchen Falle wird das Weibchen gewöhnlich zunächst

Paracheirodon innesi oben Männchen, unten Weibchen.
Cheirodon (Lamprocheirodon) axelrodi oben Weibchen, unten Männchen.

schläfrig und hell wie in der Nacht gefärbt sein, es flieht vor dem Männchen oder es vertreibt das männliche Tier sogar. Es kommt nicht zum Ablaichen, sondern die Eier verlassen nach kurzer Zeit spontan die Bauchhöhle des Weibchens, sind ungewöhnlich groß, wässerig oder milchig gefärbt, überreif und befruchtungsunfähig. Die Eier sinken nach unten, zerfallen bald darauf oder verpilzen.

Die Überführung der Jungfische aus dem Weichwasser im Vollglasbecken in ein härteres Wasser des Aufzuchtbeckens ist oft nicht problemlos und bereitet verschiedene Schwierigkeiten. Das alte weiche Wasser des Laichbeckens ist oft mit vielen Stoffwechselprodukten verschmutzt. Oft tritt dann die *Plistophora*-Krankheit (Befall mit *Plistophora hyphessobryconis)* auf, denn die Fische sind gegen jede Infektion empfindlich. Meistens ist der Züchter selbst schuld, denn die Erkrankung ist eine indirekte Folge schlechter Fütterung, z. B. mit gehackten Tubifex-Würmern, ungenügender Beckenreinigung, unterbliebener Erneuerung des Wassers und auch eines zu niedrigen pH-Wertes. Bis jetzt wurde diese Krankheit nicht geheilt. Man kann aber recht erfolgreich vorbeugen, und zwar durch höchste Sauberkeit, regelmäßiges Absaugen des Detritus, wertvolle Fütterung ausschließlich mit Rädertierchen, Cyclops-Nauplien, kleinen Hüpferlingen und Wasserflöhen je nach der Größe der Fischlein sowie durch ständiges Halten des pH-Wertes um den Neutralwert. Das erreichen wir leicht mit ständiger Kontrolle und durch regelmäßige Zugabe des Natriumhydrogenkarbonats bei jedem teilweisen Wasserwechsel direkt nach dem Freischwimmen der Jungfische und bei jedem Detritus-Absaugen (etwa jeden 3.–5. Tag).

Roter Neon *Cheirodon (Lamprocheirodon) axelrodi*

Etwa 5 cm lang wird dieser besonders aus den linken Rio Negro-Zuflüssen und aus den Überschwemmungsgebieten des Orinoko bekannte Fisch. Einige importierte Populationen unterscheiden sich voneinander hauptsächlich durch die Größe. Die größeren Exemplare haben überdies noch ganz glasklare Flossen. Bei kleineren Artgenossen sind Rücken- und Afterflosse vorn weißlich gesäumt. Die Weibchen haben oft recht deformierte Bäuchlein durch reife Eier. Sie sehen dann aus, als hätten sie die Bauchwassersucht.

Hält man die Roten Neon im Schwarm, sind sie richtige Dauerlaicher, die in vier- bis sechstägigen Intervallen praktisch das ganze

Jahr hindurch laichfähig sind. Bei hellem bis weißem Grund laichen sie am Abend unter dem Kunstlicht, auf dunklem Grund (z. B. samtschwarzem Papier, das man unter das Aquarium legt) laichen sie spät am Abend fast bei Dunkelheit oder sogar in der Nacht. Die meisten erfolgreichen Züchter wählen lieber den letztgenannten Weg. Wenn die Fische nämlich unter der Lichtquelle laichen, lassen sie kein Ei zu Boden sinken, sondern fressen sehr gierig alle Eier von jedem Laichakt auf. Ein Laichrost hilft nicht; entweder gewöhnen sich die Fische nicht an den Rost und laichen nicht, oder sie laichen unter der Wasseroberfläche und fressen die langsam sinkenden Eier, weil sie bei der Kunstbeleuchtung gut zu sehen sind. Wenn die Zuchtfische in der Nacht laichen, muß man frühmorgens rechtzeitig aufstehen und die Eier mit einem Schlauch vom Glasboden absaugen. Bei einem Schwarm mit vier bis fünf Pärchen in einem größeren (etwa 80 x 30 x 30 cm) Laichbecken sind zwei- bis dreitausend Eier kein Wunder. Ein gut ausgereiftes Weibchen kann nämlich bei jedem Ablaichen drei- bis sechshundert Eier abgeben.

Bei den Roten Neon beobachten wir nie eine richtige Laichvorbereitung. Nachmittags können die Weibchen beispielsweise schlank sein; gegen Abend beginnen sie, tüchtig Futter zu suchen; in ein paar Stunden werden die Bäuchlein deutlich umfangreicher; außerdem beobachtet man am Abend eine unbeschreibbare Nervosität. Weibchen und Männchen schwimmen hin und her; man kann sogar sagen, daß sie hin und her „schießen"; dann bleiben sie wieder stehen. Sie kümmern sich aber noch nicht viel umeinander. Das ändert sich, wenn im freien Wasser irgendwo ein Weibchen kurz stehen bleibt. Plötzlich schwimmt zu ihm ein Männchen und legt sich seitlich an die Partnerin. Beide Fische drehen sich nun mehrmals zusammen Seite an Seite im Kreis nach links oder rechts (Männchen sind immer beim Kreisen außen). Dann „fliegen" sie weit voneinander ab, und eine „Wolke" von Eiern ist sichtbar. Das wiederholt sich in verschiedenen Zeitabständen, bis das Weibchen leer ist.

Zur richtigen Entwicklung brauchen die Eier sehr weiches Wasser mit Leitfähigkeit zwischen 25 bis 30 µS, d. h. etwa 0,7° dNKH, dabei soll die Alkalität nicht 0,1° dKH übersteigen. Der günstigste pH-Wert liegt um 6,0 bis 6,2. Bei einem oft in der Literatur empfohlenen pH-Wert unter 6,0 nimmt die Sterblichkeitsrate der Embryonen während der Entwicklung stark zu. Torumin in einer Menge von 4 Tropfen pro 1 Liter Zuchtwasser beeinflußt die Entwicklung günstig, bei größerer Menge wird offensichtlich das Gegenteil erreicht. Bei einer

Wassertemperatur von 27 bis 28° C schlüpfen die Eleutherembryonen schon nach 18 bis 20 Stunden aus. Nach weiteren 5 Tagen beginnen sie frei zu schwimmen. Die Brut ist während der Entwicklung gegen überflüssige Erschütterungen sowie plötzliche, mehrfach sich wiederholende und starke Änderungen der Lichtintensität und Lichtreize empfindlich. Sie lieben gedämpftes Licht und Schatten. Die Jungfische wachsen im Vergleich mit den Jungen vom Neontetra langsam. Man muß zunächst mit Rädertierchen oder mit Pantoffeltierchen ein paar Tage lang füttern (2 bis 4 Tage). Danach fressen sie schon willig die kleinsten Artemia-Nauplien. Man darf die Fischchen nie überfüttern; besser ist es, mehrmals am Tage Nahrung zu geben. Das grüne Längsband erscheint erst nach 4–5 Wochen an den Körperseiten; damit erinnern sie an Neontetras, die etwa 18 Tage alt sind. Die Aufzucht stellt große Ansprüche an die Sauberkeit des Wassers und erfordert regelmäßigen Teilwasserwechsel. Die Neonkrankheit (Plistophora-Krankheit) ist bei dem Roten Neon unbekannt.

Glühlichtsalmler *Hemigrammus erythrozonus*

Aus Guayana stammt dieser Salmler, das größere und stattliche Weibchen erreicht eine Länge von bis 4,5 cm. Er ist ein ruhiger Fisch, der gut in einem Biotopaquarium mit anderen kleinen Salmlern gehalten werden kann. In Gesellschaft, z. B. mit Neontetra, stehen die Färbungen beider Fischarten in einem sehr schönen Kontrast.

Zur Nachzucht genügt ein kleines Vollglasbecken mit etwa 10 Liter Wasser. Die Eier entwickeln sich in einem Wasser bis zu 8° dNKH recht gut, nur die Alkalität soll nicht 1° dKH überschreiten. Mit konzentriertem Torfextrakt oder mit Torumin muß das Wasser angereichert werden, bis es bernsteinfarben schimmert. Die optimale Laichtemperatur beträgt 28° C. Als Laichsubstrat bieten wir den Fischen ein Quell- oder Javamoosbüschel, das wir am Boden beschweren, z. B. mit Glasstäbchen.

Die Männchen verhalten sich zu den Weibchen sehr zart und beißen sie nicht. Sehr eindrucksvoll sind die Liebesspiele, das Imponieren und Tanzen des Männchens. Seine weißgesäumten Flossen sind

---

Hemigrammus erythrozonus — Das Weibchen führt das Männchen (oben). Das Männchen drückt sich an das Weibchen (Mitte), die Paarung (unten).

dabei zum Platzen gespannt, es „fliegt" vor das Weibchen und „wedelt" schnell mit dem Schwanz vor der Schnauze der Partnerin. Das Männchen versucht ständig, das Weibchen zum Laichsubstrat zu führen. Sobald das Weibchen laichwillig ist, schwimmt es in das Pflanzengewirr ein. Das Männchen folgt und drückt sich fest an eine Körperseite der Partnerin. Beide Fische dringen dann schnell in das Pflanzengewirr ein. Die Bewegung durch das Pflanzendickicht verläuft in einer Spirale zur länglichen Körperachse. Bei einer der Umdrehungen, wenn sich beide Fische wieder einmal mit dem Bauch nach oben befinden, trennen sie sich voneinander mit einem deutlichen Ruck. Dabei geben sie ihre Geschlechtsprodukte ab. Der erste Laichakt ist beendet, die nächsten Akte lassen nicht lange auf sich warten, bis das Weibchen ganz schlank wird.

Durchschnittlich sind die gelblichen Eier 0,9 mm groß. Die etwa 3 mm langen Eleutherembryonen schlüpfen nach 19 Stunden, und nach 4 Tagen schwimmen die Protopterygiolarven in einer durchschnittlichen Größe von 4 mm schon frei. Sie sind zunächst glasklar, dann gelblich gefärbt und später, nach etwa einer Woche, bräunlich gezeichnet. Von Anfang an können sie groberes „Staubfutter" nehmen, wie z. B. Cyclops- und Artemia-Nauplien. Häufiger und regelmäßiger Teilwasserwechsel während der Aufzucht ist sehr empfehlenswert, denn die Jungfische sind gegen höheren Nitritgehalt recht empfindlich; geschwächte Fischlein können dann leicht an Bauchwassersucht erkranken.

Fleckensalmler *Hemigrammus ocellifer falsus*

Dieser auch als Falscher Laternensalmler bezeichnete Fisch ist in Guayana und im Amazonas-Stromgebiet stark verbreitet. Er ist kleiner und schlanker als die selten gehaltene Nominatform *H. ocellifer ocellifer* der Laternensalmler. Der Fleckensalmler ist ein Schwarmfisch und deshalb für Gesellschaftsbecken gut geeignet. Er ist anspruchslos und recht produktiv. Die Wassertemperatur soll über 20° C liegen.

Bei der Balz – aber auch während des Ablaichens – stupst das Männchen mit dem Maul das Weibchen in die Bauchpartie und führt es zu den Wasserpflanzen. Den Laichplatz bestimmt das Weibchen, der Partner folgt dicht dahinter. Der eigentliche Laichakt erinnert stark an den des Trauermantelsalmlers *Gymnocorymbus ternetzi.* Die Laichpartner liegen Seite an Seite, und nach einem Ruck fallen

Hemigrammus ocellifer falsus Paarung an Pflanzenblättern.

sie ohne irgendwelche Umdrehung voneinander ab. Die klebrigen Eier heften sich teilweise an die Wasserpflanzen oder sinken zu Boden.

Die Entwicklung der Eier kann eigentlich nur die Karbonathärte stören, die möglichst niedrig sein soll (höchstens 1° dKH), die Nichtkarbonathärte darf 6–8° dNKH betragen, der pH-Wert sollte um den Neutralpunkt liegen. Erwachsene Tiere kann man auf Dauer ohne Schaden im mittelharten Wasser (15–20° dGH) bei schwach alkalischer Reaktion halten. Die Aufzucht der Jungtiere mit lebendem „Staubfutter" ist leicht und problemlos, selbst für Anfänger.

Serpasalmler *Hyphessobrycon serpae*

Im Amazonas-Stromgebiet und im Rio Guapore sind Serpasalmler weit verbreitet. Sie sind etwas größer als Blutsalmler *H. callistus,* und die rote Ausfärbung ist intensiver, heller und hat einen wärmeren Ton. Der Schulterfleck ist nur kurz, hoch angesetzt, ab und zu nur angedeutet oder fehlt sogar bei manchen Aquariumpopulationen vollkommen. Der Serpasalmler laicht im Aquarium recht willig, ist aber kurzlebig. Häufig erkrankt er an der ansteckenden Bauchwas-

Hyphessobrycon serpae Weibchen oben, Männchen unten (Bild oben).
Laichakt an dem Tausendblatt (unten).

Hyphessobrycon ornatus — Abschluß des Laichaktes, das Männchen löst sich vom Weibchen.

sersucht, wenn man ihn ständig in weichem Wasser hält. Außerdem wird schon ein Nitritgehalt von 0,2 mg pro Liter Wasser kritisch. Der Serpasalmler ist also anspruchsvoll, vor allem in bezug auf die Sauberkeit des Wassers.

Zur Nachzucht genügt ein Vollglasbecken mit etwa 10 Liter Wasser. Dieses Wasser muß weich sein (etwa 1–4° dNKH und höchstens 0,4° dKH) mit Torfextrakt- oder Toruminzugabe, bis es fast goldfarbig ist. Wassertemperatur 25–27° C. Das Zuchtpaar laicht über den Wasserpflanzen, ab und zu aber auch im freien Wasser. Ein noch nicht vollreifes Weibchen wird vom Männchen recht wild gejagt. Das laichwillige Weibchen führt das Männchen zu den Pflanzen, dann stellt sich der Partner hinter das Weibchen, folgt der Partnerin, preßt sich seitlich an sie an, und beim eigentlichen Laichakt machen beide Fische deutlich eine meist waagerechte Umdrehung. Die Aufzucht mit lebendem „Staubfutter" ist relativ leicht, nur ein häufiger teilweiser Wasserwechsel, gute Durchlüftung und Filterung sind sehr empfehlenswert.

Moenkhausia pittieri — Das Führen zu den Pflanzen.

Schmucksalmler *Hyphessobrycon ornatus*

Dieser beliebte Salmler stammt aus dem unteren Amazonas-Stromgebiet und aus Guayana. Er ist recht langlebig, und ein Alter von 5 und mehr Jahren ist keine Seltenheit. Weil er friedlich und widerstandsfähig ist, eignet er sich sehr gut für ein Gesellschaftsbecken. Er wird nicht länger als 6 cm. Zur Nachzucht muß man ein Wasser mit nur Spuren von Karbonathärte verwenden, obwohl die Nichtkarbonathärte bis 6° dNKH betragen darf. Der pH-Wert sollte 6,6–7,0 sein. Sehr empfehlenswert ist die Zugabe von Torfextrakt oder Torumin, bis das Wasser bernsteinfarben ist.

Selbst im Gesellschaftsbecken imponieren erwachsene Männchen praktisch ständig. Zwei Männchen umkreisen sich mit gespreizten Flossen und tragen ein kräftiges Farbenkleid. Bei diesen Spielen sind sie unermüdlich, allerdings beißen oder verletzen sie sich nie. Im Laichaquarium können wir stundenlang das zitternde Männchen beobachten, wie es der Partnerin tüchtig und zärtlich den Hof macht. Es schwimmt dauernd das Weibchen an, vor oder über dem Pflanzengewirr bleibt es waagerecht oder etwas schräg mit dem Kopf nach unten zitternd stehen, den Körper zu einem Bogen gekrümmt. Gewöhnlich reagiert das Weibchen lange nicht. Es kann passieren, daß es sich erst nach zwei bis drei Tagen bewegen läßt, dem Männchen über die Pflanzen zu folgen. Dort verharrt es kurz, sofort drückt sich das Männchen fest an seine Körperseite, und nach

Moenkhausia pittieri — Der Laichakt wird beendet.

einem heftigen Ruck sinkt ein kleiner Haufen wenig klebriger Eier zu Boden. Sie sind bräunlich bis kaffeebraun gefärbt.

Die Jungfische schlüpfen bei einer Temperatur von 27° C nach 24–36 Stunden und schwimmen nach weiteren 5 Tagen frei. Die erwähnte Wassertemperatur sollte drei bis vier Wochen lang so hoch gehalten werden. Falls sie absinkt, geht die Brut ohne weitere Ursachen ein. Man kann die Fischchen von Anfang an mit *Artemia*-Nauplien füttern, sie fressen sie gern und wachsen gut. Etwa drei Wochen verbergen sie sich unter den Pflanzen, dicht mit dem Rücken angelegt. Danach beginnen sie langsam, meist bei der Fütterung, sich zu einem Schwarm zu sammeln und durchs freie Wasser zu schwimmen. Es ist nun höchste Zeit, die Jungfische in ein größeres Aufzuchtbecken zu überführen, weil uns ein Zuchtpaar nicht selten beim Ablaichen mit vier- bis sechshundert Nachkommen überrascht.

Brillantsalmler *Moenkhausia pittieri*

Im See Valencia in Venezuela ist dieser Salmler beheimatet, er erreicht eine Länge von etwa 6 cm. Das Männchen brüstet sich mit großer Rücken- und Afterflosse sowie mit langen Bauchflossen. Der Körper beider Geschlechter ist mit glänzenden Schuppen besät, die im auffallenden Licht in Regenbogenfarben opalisieren. Durch die

Körperform erinnert er stark an den Schmucksalmler. Auch das Laichverhalten ist sehr ähnlich. Das Brillantsalmlerpärchen „stellt" sich aber nicht so deutlich über das Pflanzengewirr, sondern laicht meistens nur in der Nähe der Wasserpflanzen ab. Doch das Imponieren, Treiben, Führen zum Laichplatz und der Laichakt, der mit einem starken Ruck praktisch ohne Umdrehung beendet wird, erinnert an das Verhalten der Schmucksalmler.

Erwachsene Fische sind etwas scheu und fühlen sich in geräumigeren Aquarien wohler. Das Laichbecken sollte deshalb ebenfalls nicht zu klein sein, das Laichwasser soll etwa wie für den Schmucksalmler vorbereitet werden, also möglichst weich und mit niedriger Alkalität. Die Aufzucht der Jungfische ist mit lebendem „Staubfutter" problemlos.

Kaisertetra *Nematobrycon palmeri*

Aus dem Rio San Chuan und verschiedenen kleineren Gewässern Kolumbiens stammt dieser dekorative Characide. Das Männchen ist

Nematobrycon palmeri — Das Weibchen bestimmt den Laichplatz.

größer als das Weibchen und erreicht bis 7 cm. Im Gesellschaftsbekken verteidigt das stärkste Männchen ein ziemlich großes Revier und verjagt sogar größere Eindringlinge energisch. Aufgrund dieses Verhaltens „zieht" sich eine kleine Zahl der Jungfische im Gesellschaftsaquarium oft von selbst auf, wenn das Wasser relativ weich ist und die Alkalität praktisch dem Null-Wert nahekommt.

Kämpfende, balzende und imponierende Männchen sind phantastisch gefärbt. Sie sind angewiesen auf die Laichwilligkeit der Weibchen. Sobald der Bauch eines Weibchens ein wenig umfangreicher und blasser wird, versucht das Männchen, es zu den Pflanzen zu leiten. Den genauen Laichplatz bestimmt aber im letzten Moment das Weibchen selbst, der Partner folgt und stellt sich seitlich zur Partnerin. Die Laichumdrehung wird nie ganz abgeschlossen, und beide Zuchttiere schwimmen aus dem Pflanzengewirr unabhängig voneinander heraus.

Bei jedem Laichakt werden nur wenige Eier abgelegt (etwa 1–5 Stück). Als Laichbecken kann schon ein kleines Vollglasbecken mit 5 bis 10 Liter dienen. Das Wasser muß weich sein (bis 4° dNKH) und

Nematobrycon palmeri – Das Männchen schwimmt seitlich an das Weibchen heran.

ziemlich sauer (pH-Wert 5,5 bis 6,5), die Alkalität höchstens 0,2° dKH. Torfextrakt- und Toruminzusatz beeinflussen die Entwicklung ungünstig. Geeignet ist Regen- oder Wasser aus Schnee gewonnen, auch demineralisiertes oder destilliertes Wasser mit kleiner Zugabe eines geeigneten harten Wassers aus der freien Natur oder aus der Leitung. Bei einem Ablaichen ist die gesamte Zahl der Eier klein. Sie schwankt meistens zwischen 20–100 Stück. Bei einer Temperatur von 24–26° C schlüpft die Brut nach 30 Stunden, und nach weiteren 4 Tagen schwimmt sie frei. Man kann mit jedem lebenden „Staubfutter" in kleinen Portionen füttern. Die Aufzucht ist bei regelmäßiger Reinigung und beim oftmaligen Teilwasserwechsel problemlos.

Königssalmler *Inpaichthys kerri*

Im Fluß Aripuaná im nördlichen Teil des Mato Grosso ist der Königssalmler zu Hause. Das Männchen ist größer als das Weibchen und kann bis 5 cm groß werden. Wenn es erregt ist, strahlt das Männchen im richtig einfallenden Licht himmelblau bis blauviolett. Die Fettflosse ist glänzend hellblau, die des Weibchens dagegen orangefarben oder sattrot bis rotbraun. Nach Géry und Junk, Autoren der Erstbeschreibung, wurde am Fundort eine Wasserleitfähigkeit von 9 bis 11 µS bei 20° C festgestellt.

In der Gefangenschaft gedeihen erwachsene Fische gut im mittelharten Wasser (10–15° dGH). Zur Nachzucht genügt ein Vollglasbecken mit etwa 10 Liter Inhalt und kleinen Büscheln feinfiedriger Wasserpflanzen. Das Wasser muß sehr weich sein, unter 1° dNKH und darf nur Spuren von Alkalität enthalten (bis 0,2° dKH), Chloridgehalt bis 30 mg/l Wasser und pH-Wert 6,2 bis 6,8. Die Entwicklung beeinflussen günstig Torfextrakte bzw. Torumin in einer kleinen Menge von etwa 1 Tropfen des Konzentrats auf 1 Liter Zuchtwasser.

Das Laichen verläuft recht wild. Hauptsächlich am Anfang jagt das Männchen die Partnerin eigentlich sinnlos im Aquarium hin und her. Deshalb ist es nötig, ein gut ausgereiftes Weibchen ins Laichbecken zu setzen, sonst kann die wilde Jagerei mit dem Tod des Weibchens enden. Man sieht nur wenig vom Imponieren oder vom Leiten zu den Pflanzen. Am Anfang „schießen" beide Tiere ins Pflanzendickicht hinein und sofort darauf wieder heraus. Nach ein paar Laichakten hat sich das Paar etwas beruhigt, es atmet offensichtlich schwerer, und weitere Paarungen sind schon mit bloßem Auge zu erkennen.

Die Initiative übernimmt, wie bei vielen anderen Salmlern, kurz vor jeder Paarung das Weibchen. Es leitet das Männchen zu den Wasserpflanzen, sucht und wählt den richtigen Laichplatz und verharrt kurz am ausersehenen Platz. Das Männchen erreicht es dort, es kommt zum Umschlingen, man kann sagen zu einer Halbdrehung, die mit einem kräftigen Ruck beendet wird, bei dem beide Fische voneinander „wegfliegen". Die Laichakte folgen in kurzen Abständen, das ganze Ablaichen dauert nicht länger als 20–30 Minuten. Dabei werden 150–350 Eier mit einer Größe von etwa 1 mm abgelegt.

Bei einer Temperatur von 26° C schlüpft die Brut ungewöhnlich schnell, d. h. schon 16 Stunden nach Befruchtung der Eier. Nach 4 bis 5 weiteren Tagen schwimmt sie frei. Die Aufzucht ist nicht schwer, obwohl die Protopterygiolarven in der Zeit des Freischwimmens durchschnittlich nur 3,2 mm lang sind. Sie sind aber lebenstüchtig und können von Anfang an relativ große *Artemia*-Nauplien schlucken. Die Fische wachsen schnell, so daß sie bei guten Lebens- und Fütterungsbedingungen im Alter von 4–5 Monaten geschlechtsreif werden. Ab einem Alter von 3–4 Wochen sind die Jungtiere gegen Nitritgehalt recht empfindlich. Dauernde Belastung des Organismus schon mit nur 0,1 mg NO_2^- pro 1 Liter Wasser verursacht eine übermäßige Vermehrung der sonst unschädlichen und allgegenwärtigen Bakterien in ihrem Verdauungstrakt, so daß die Jungfische in kurzer Zeit stufenweise absterben. Die Erkrankung erkennt man an dem wässerigen Exsudat (abgesonderte Flüssigkeit) in der Bauchhöhle, dunklem Kopf und Schwanz und einer hellen Rücken- und Bauchpartie. Wenn man rechtzeitig ein entsprechendes Antibiotikum einsetzt, am besten V-Penicillin in Tablettenform, werden alle Fischlein wieder gesund. Man muß aber die Kur 5–7 Tage durchhalten, d. h. 1 Tablette (je 400 000 I.E.) täglich, also in 24stündigen Intervallen pro 80 Liter Aquarienwasser. Bei Rückfällen kann man die V-Penicillin-Dosis bis auf das Doppelte erhöhen (d. h. 400 000 I.E. pro 40 Liter Wasser täglich). Besser ist es aber, mit regelmäßigem Absaugen von Detritus vorzubeugen, damit der Organismus nicht durch Nitrate und Nitrite geschwächt wird.

Halbwüchsige und erwachsene Königssalmler sind typische Allesfresser und recht gefräßig. Man sollte sie vernünftig und maßvoll füttern. Die Laichbereitwilligkeit ist erstaunlich. Ein Paar laichte bei Experimenten drei Jahre in 3–6tägigen Intervallen immer mehrere Monate nacheinander, dann machte es eine 2–3wöchige Pause. Das Paar war ständig in ausgezeichneter Körper- und Laichkondition.

Inpaichthys kerri — Balzendes Männchen unten im Bild oben.
Laichplatzsuche und -wahl (links unten), Paarung (rechts unten).

Thayeria boehlkei oben Männchen, unten Weibchen.

Schrägschwimmer *Thayeria boehlkei*

Aus dem oberen Mara⁷non kommt der Schrägschwimmer, der etwa 6 cm groß wird. Das ganze Leben schwimmen die Fische mit dem Kopf schräg nach oben. Erwachsene Tiere sind gut für ein Gesellschaftsbecken geeignet, doch muß es dicht mit einer Deckscheibe abgedeckt werden, weil diese Fische recht gut springen können.

Wie der Karfunkensalmler *Hemigrammus pulcher* benötigt der Schrägschwimmer ein geräumiges Laichbecken mit mindestens 30 bis 40 Liter Inhalt. Das Wasser soll weicher sein, d. h. um 3,5° dNKH mit nur soviel Karbonatanteil, daß der pH-Wert um 7,0 liegt. Die Entwicklung der Eier unterstützt eine Zugabe von Torfextrakt oder Torumin. Eine Zuchttemperatur von 26° C ist optimal. Wasserpflanzen im Laichbecken dienen nur als Dekoration, damit die Zuchttiere nicht ängstlich werden und sich wohl fühlen. Wir müssen für viel Freiraum sorgen, so daß die Fische schnell hin und her schwimmen können. Am besten ist es, die Fische gruppenweise einzusetzen, z. B. fünf Weibchen und zwei Männchen. In der Abenddämmerung fangen die Fische an zu laichen. Die Paarung verläuft stürmisch, ohne viel zu balzen und zu imponieren. Bei jedem Laichakt, der meistens nahe der Wasseroberfläche im freien Wasser stattfindet, sinkt eine kleine Portion schwach gelblich gefärbter Eier zu Boden.

Nach dem Schlupf und Freischwimmen (etwa nach 6 Tagen) muß man die Brut zunächst mit feinstem Lebendfutter anfüttern, z. B. Rädertierchen, und erst ein paar Tage danach Cyclops- und Artemia-Nauplien reichen. Die Fischlein wachsen überraschend schnell, denn im Alter von vier Wochen sind sie schon 10–12 mm lang und eine Miniaturkopie ihrer Eltern, was Form, Ausfärbung und Verhalten betrifft. Der Schrägschwimmer ist ein recht produktiver und widerstandsfähiger Characide, denn tausend Jungfische sind bei einem Ablaichen keine Ausnahme.

Schlanksalmler *Lebiasinidae*

Schlanksalmler sind meist kleinere bis mittelgroße elegante südamerikanische Fische. Bei einigen ist die Fettflosse gut entwickelt, bei anderen nur angedeutet, und bei vielen fehlt sie sogar. Sie sind wärmeliebend, friedlich und relativ leicht zu halten. Fast alle Arten, die bis jetzt eingeführt wurden, pflanzen sich in der Gefangenschaft erfolgreich fort.

Das Laichverhalten der einzelnen Arten ist insoweit verschieden, daß man keine allgemeine Charakteristik geben kann. Einige legen die Eier an feinfiedrige oder breitblättrige Wasserpflanzen, andere in Sandbodengruben oder erstaunlicherweise sogar außerhalb des Wassers an die Unterseite von Sumpfpflanzenblättern, die über den Wasserspiegel hinausragen. Einige kümmern sich überhaupt nicht um ihre Nachkommenschaft, andere pflegen ihre Brut sehr gut.

Forellensalmler *Copeina guttata*

Dieser Schwarmfisch aus dem mittleren Amazonas erreicht eine Länge bis zu 15 cm. Er verträgt im Aquarium recht gut eine Wasserhärte bis 10° dGH und Temperaturschwankungen zwischen 22 und 28° C. Das Männchen ist dunkler gefärbt als das Weibchen, und sein oberer Schwanzflossenlappen ist größer und breiter. Das Zuchtpaar laicht entweder an die obere Seite von Wasserpflanzenblättern, die

Copeina guttata — Weibchen wird vom Männchen in die Seite gestupst (oben). Laichakt in der Sandgrube (unten).

breit und groß genug sind, oder öfter an glatte, flache Steine. Manchmal wird sogar eine recht große, breite und ziemlich tiefe Sandgrube bevorzugt, die beide Partner einträchtig bei der Laichvorbereitung ausgraben.

Männchen und Weibchen imponieren auf verschiedene Weise. Manchmal steht das Weibchen quer vor dem Männchen, das an den Bauch der Partnerin stupst. Beim eigentlichen Laichakt unterlegt das Männchen mit der Afterflosse und dem unteren Schwanzflossenlappen den Schwanzstiel des Weibchens. Wenn man das von vorn betrachtet, deckt das Männchen praktisch das hinter ihm stehende Weibchen ab. Ein Laichakt folgt dem anderen, und das ganze Laichen verteilt sich auf 2–4 Stunden. Das Weibchen muß nach beendetem Laichgeschäft herausgefangen werden.

Ein Gelege zählt oft über 500 Eier. Die Brutpflege treibt das Männchen. Es befächelt mit den Flossen die Eier, säubert sie mit dem Maul und schützt das Gelege vor den Feinden. Die Eleutherembryonen schlüpfen nach etwa 36 Stunden. Nach dem Freischwimmen muß man die Protopterygiolarven mit sehr feinem Lebendfutter anfüttern. Die Jungfische wachsen gut und sind gegen die bereits erwähnten Temperaturschwankungen unempfindlich. Geschlechtsreif sind sie nach 7–9 Monaten.

Spritzsalmler *Copella arnoldi*

In der Uferzone nahe der Wasseroberfläche des Amazonas-Unterlaufes und im Fluß Paraná sind Spritzsalmler beheimatet. Das Männchen ist größer als das Weibchen und erreicht eine Länge bis 8 cm. Sehr interessant ist die bei Characiden einmalige Brutpflege. Diese Fische legen nämlich die Eier außerhalb des Wassers. Die Brutpflege treibt das Männchen. Das Zuchtpaar bereitet sich unter der Wasseroberfläche in schräger Lage mit nach oben gerichtetem Kopf zum Sprung aus dem Wasser vor. Die Paarung findet über der Wasseroberfläche an der Seite eines breiten Blattes einer Sumpfpflanze statt. Im Aquarium benutzen die Zuchtfische oft die Deckglasscheibe beim Laichen. Beide Partner verharren eine kurze Weile dicht angedrückt an der Unterseite des Substrats, bis sich die abgegebenen Geschlechtsprodukte vereinen. Dann fällt ein Tier nach dem anderen wieder ins Wasser zurück. Bei jedem Laichakt sind 5–12 kleine glasklare Eier abgelegt. Das gesamte Gelege zählt um 200 Eier.

Copella arnoldi — Zuchtpaar stellt sich zum Sprung bereit (oben).
Paarung an der Unterseite des Pflanzenblattes oberhalb des Wasserspiegels.

Bei der Brutpflege steht das Männchen nahe der Wasseroberfläche unter dem Gelege und spritzt in kurzen Intervallen mit Hilfe der breiten Schwanzflosse Wasser auf das Gelege, so daß die Eier stets feucht bleiben. Die Brut schlüpft nach etwa 36 Stunden und fällt dann nach und nach ins Wasser. Die Wassertemperatur darf zwischen 21–24° C schwanken. Höhere und niedrigere Temperaturen vertragen erwachsene und Jungfische schlecht. Ausgewachsene Tiere leben bei Temperaturen außerhalb der angegebenen Spanne nicht lange und sterben leider ohne weitere sichtliche Ursache im Aquarium nach und nach.

Zwerg-Ziersalmler *Nannostomus marginatus*

Aus Surinam und West-Guayana stammt der Zwerg-Ziersalmler. Er wird nur bis 4 cm lang und ist züchterisch wenig produktiv. Als Laichaquarium genügt schon ein ganz kleines Vollglasbecken mit etwa 3 Liter Inhalt. Das Laichsubstrat sollte aus feinblättrigen und feinfiederigen Wasserpflanzen bestehen. Weich muß das Wasser sein und nur Spuren von Alkalität enthalten (etwa 2° dNKH, pH-Wert um 6,5).

Das Verhalten beim Laichen ist sehr zart. Das Männchen lockt das Weibchen unermüdlich in das Pflanzendickicht. Bei laichreifen Weibchen sieht man im Gegenlicht bei Seitenansicht unten in der Bauchhöhle, direkt an der Bauchkante vor der Afteröffnung, eine durchscheinende Kette gelblicher Eier. Das Weibchen verharrt immer kurz vor dem ausersehenen Laichplatz ein paar Sekunden und wird vom Männchen in die Bauchpartie gestupst. Dann schwimmt das Weibchen gewöhnlich an den eigentlichen Laichplatz und legt den Hinterkörper an die Pflanzenunterlage. Und sofort ist der Partner zur Stelle, um sich mit dem Schwanzstiel seitlich dem Weibchen dicht anzulegen. Nun streicht das Männchen mit dem Körper mehrmals nach vorn und nach hinten. Eine Paarung ist beendet mit der Ablage eines Eies, selten erscheinen zwei oder sogar bis zu vier Eier, die an den Pflanzen haften bleiben.

Zwerg-Ziersalmler laichen selbstverständlich gern auch an breitblättrigen Pflanzen ab; dann dreht sich aber das Weibchen nach jedem Laichakt schnell um und frißt das Ei mit Appetit. Es ist also besser, feinfiederige Pflanzen zu verwenden, weil das Weibchen im Pflanzengewirr das Ei nicht so schnell finden kann. Die Eihülle quillt im Wasser in ein paar Minuten stark auf, und nach etwa 20 Minuten

Nannostomus marginatus — Weibchen wird vom Männchen in die Seite gestupst (oben). Laichakt an den Wasserpflanzen (unten).

sind die Eier praktisch nicht mehr klebrig, so daß sie meistens zu Boden fallen. Die Eleutherembryonen schlüpfen durchschnittlich nach 30 Stunden bei einer Wassertemperatur von 26° C. Sie sind widerstandsfähig genug, um ein Herabsenken der Temperatur bis auf 20° C zu vertragen.

Nach dem Freischwimmen (etwa nach 5 Tagen) sind die Protopterygiolarven bei der Nahrung überhaupt nicht wählerisch. Sie fressen gerne Rotatorien, aber auch Cyclops- und Artemia-Nauplien. Während des Wachstums ändern die Jungtiere mehrmals das Jugendkleid, bis sie endlich nach etwa vier bis fünf Wochen nach und nach die endliche Ausfärbung der Eltern erreichen.

Längsbandziersalmler *Nannostomus beckfordi*

Eine in Südamerika weitverbreitete Art, vor allem in Guayana, in den Flüssen Paraná, Rio Negro und im mittleren und unteren Amazonas-Stromgebiet, ist der Längsbandziersalmler. Er wird bis 6,5 cm lang. Mit Rücksicht auf die große geographische Verbreitung ist es kein Wunder, daß dieser schöne Characide in vielen Farbvarietäten vorkommt, die als selbständige Arten oder als Unterarten geführt werden.

Zu den beliebtesten gehört der Aripiranga-Ziersalmler *Nannostomus beckfordi aripirangensis* und der Goldziersalmler *N. b. anomalus.* Die Männchen vom Aripiranga-Ziersalmler können stundenlang imponieren, indem sie einander die Brustseiten zeigen; sie kämpfen sogar, ohne sich zu verletzen. Dabei sind sie kräftig ausgefärbt und lassen sich nicht von anderen Fischen stören. Vor dem Laichakt stupst das leitende Männchen mit dem Maul die Partnerin in eine Körperseite oder an die mittlere bis hintere Bauchpartie. Die Paarung verläuft wie beim Zwerg-Ziersalmler. Das Weibchen klebt bei jedem Laichakt nur ein bis drei Eier an die Pflanzen, deshalb dauert das gesamte Ablaichen sehr lange, bis zu 5 Stunden. Ein Gelege enthält bis zu 200 Eier.

Nach dem Freischwimmen ist die Brut sehr klein und muß am Anfang mit feinstem Lebendfutter angefüttert werden. Am besten sind dazu Rädertierchen geeignet. Sehr interessant ist die Paarung bei einigen anderen Nannostomiden, z. B. beim Schrägstrich-Ziersalmler *N. espei* und Goldbinden-Ziersalmler *N. digrammus,* bei denen die Männchen ihre löffelförmige Afterflosse der Urogenitalpapille der Weibchen unterlegen und die Eier einsammeln. Jeder Laichakt dauert etwa 30 Sekunden bei *N. espei* und bis mehrere Minuten bei *N. digrammus* (5–8 Minuten).

Dreibinden-Ziersalmler *Nannostomus trifasciatus*

Diesen Ziersalmler findet man ziemlich oft im mittleren Amazonas-Stromgebiet, in Westguayana und im Rio Negro. Die Weibchen werden größer als Männchen und erreichen bis zu 6 cm. Das Verhalten in der Laichzeit erinnert teilweise an das Verhalten des Zwerg-Ziersalmlers, teilweise an den sogenannten Schrägsteher oder Spitzmaul-Ziersalmler *Nannobrycon eques.* Bei der Vorbereitung zum Laichen hüpft das Männchen mit dem hinteren Körperteil, besser gesagt mit dem Schwanzstiel, auf und nieder, schwimmt zu dem Weibchen und darauf in Richtung Wasserpflanzen, um der Partnerin den Weg zu zeigen. Dieses Anlocken dauert verschieden lange. Ein Weibchen, das keine reifen Eier trägt, nimmt das Nachtkleid an, d. h. es treten auf den Körperseiten drei breite helle Querstreifen auf; und es versucht, sich vor dem laichwilligen Männchen im Pflanzendikkicht zu verbergen. Ein reifes Weibchen dagegen behält das Tageskleid, d. h. der längsgestreifte Körper bleibt unverändert. Es schwimmt von selbst dem Männchen entgegen. Zu solchen Weibchen dreht sich sofort das Männchen um und stellt sich mit der Kehle auf den Scheitel des Weibchens. Man kann sagen, daß es auf der Partnerin „reitet''. Nun führt es das Weibchen aufmerksam und auf eine feine Weise zum Laichsubstrat. Diese Laichphase erinnert stark an das Verhalten des Spitzmaul-Ziersalmlers *Nannobrycon eques.*

Der Dreibinden-Ziersalmler legt die Eier bereitwillig sowohl an breitblättrige als auch an feinfiedrige Wasserpflanzen ab. Die Entwicklung verläuft am besten im Wasser mit 3–7° dNKH, Alkalität bis 0,2° dKH, pH-Wert 6,6 bis 6,8 und einer Temperatur von 27–28° C. Die Eier sind relativ groß, durchschnittlich 1,5 mm. 24 Stunden dauert die Entwicklung in der Eihülle. Bei der ganzen Nachzucht muß man auf Sauberkeit, Wasserqualität sowie einwandfreies Lebendfutter großen Wert legen.

Spitzmaul-Ziersalmler *Nannobrycon eques*

Die Vertreter der Gattung *Nannobrycon* sind sehr elegante Fische, die schräg mit einem Winkel von 30–45°, Kopf nach oben gerichtet,

Nannostomus beckfordi aripirangensis — Weibchen leitet das Männchen zum Myriophyllum (oben), Paarung (unten).

Nannostomus trifasciatus oben Weibchen, noch nicht laichwillig genug, schwach quergestreift, unten Männchen.

im Wasser schwimmen. Am häufigsten wird in der Gefangenschaft der Spitzmaul-Ziersalmler gehalten und vermehrt. Er stammt aus dem mittleren Amazonas-Strom und aus dem Rio Negro, wo er sich in ufernahen Gewässern unter Pflanzenbewuchs aufhält.

Im Aquarium gedeiht dieser Salmler am besten bei einer „Monokultur". Beim schlanken Männchen werden die Bauchflossen mit weißen Spitzen geschmückt. Zur Laichzeit suchen die Zuchtpaare geeignete Laichplätze aus, am liebsten wählen sie die Unterseite von breitblättrigen Wasserpflanzen. Das Männchen imponiert verschieden lange dem Weibchen, zuletzt „reitet" es auf seiner Partnerin und leitet sie zum Pflanzensubstrat. Den genauen Laichplatz wählt das Weibchen und probiert ihn als erste. Das Männchen sieht zunächst nur zu. Bald aber kann es der Verlockung des Weibchens nicht mehr widerstehen, es schwimmt mit an den Laichplatz, drückt sich seitlich fest an das Weibchen, und nach einem kaum sichtbaren Zittern und einem Ruck ist der Laichakt beendet. Bei jeder Paarung sind nur 1–2 Eier abgelegt. Das gesamte Gelege macht 60 bis 200 Eier aus.

Das Zuchtwasser sollte den beim Dreibinden-Ziersalmler erwähnten Angaben entsprechen. Nur die Wassertemperatur darf zwischen 20–28° C schwanken. Bei durchschnittlicher Temperatur von 25° C schlüpfen die Eleutherembryonen nach 24–36 Stunden, und nach weiteren 5 Tagen schwimmen die Protopterygiolarven frei. Zunächst frißt die Brut nur lebendes „Staubfutter", später auch Kunstfutter guter Qualität, z. B. Mikromin. Geschlechtsreif werden die Jungfische erst im Alter von 8–10 Monaten.

Selten wird auch der Einbinden-Ziersalmler *Nannobrycon unifasciatus* und seine Unterart, der Pfauenaugenfleck-Einbinden-Ziersalmler *N. u. ocellatus* gehalten. Beide Formen sind streitsüchtig, und ihre Männchen bilden feste Reviere.

Karpfenfische *Cyprinidae*

Karpfenfische zeichnen sich durch unbezahnte Kiefer und gutentwickelte ein- bis dreireihige Schlundzähne aus, die aus dem fünften Kiemenbogen entstanden sind. Sie sind in Europa, Asien, Afrika und Nordamerika weit verbreitet und fehlen nur in Südamerika und Australien. Alle Karpfenfische sind ausgesprochene Süßwasserbewohner, die selten in Brackwasserzonen eindringen. Einige Arten tragen keine Barteln, andere haben 1–2 Bartelnpaare. Die systematische Gliederung ist kompliziert. In mehrere Unterfamilien wird die Familie aufgeteilt, von denen nur *Abraminae, Cyprininae, Leuciscinae, Rhodeinae, Rasborinae* und *Garrinae* von größerer Bedeutung und interessant für Aquarianer sind.

Die meisten Arten haben sich dem Leben am Bodengrund oder mindestens in unteren Wasserschichten angepaßt. Tropische und subtropische Arten sind recht wärmeliebend und gefräßige Allesfresser. Zur Haltung genügt mittelhartes Wasser mit einem pH-Wert um 7, einigen Arten muß man ein weiches Wasser bieten. Bei den empfindlichen Arten sollte für die Zucht möglichst eine niedrige Alkalität gewählt werden, d. h. höchstens 2° dKH.

Paarungen verlaufen bei allen Arten recht ähnlich, und es gibt nur kleine Abweichungen im Laichverhalten. Am Anfang wird das Weibchen vom Männchen gejagt; dann balzt der Partner mit gespreizten oder geklemmten Flossen, schwimmt quer vor das Weibchen, wedelt, imponiert, versucht, es zu den Pflanzen zu leiten und kehrt wie-

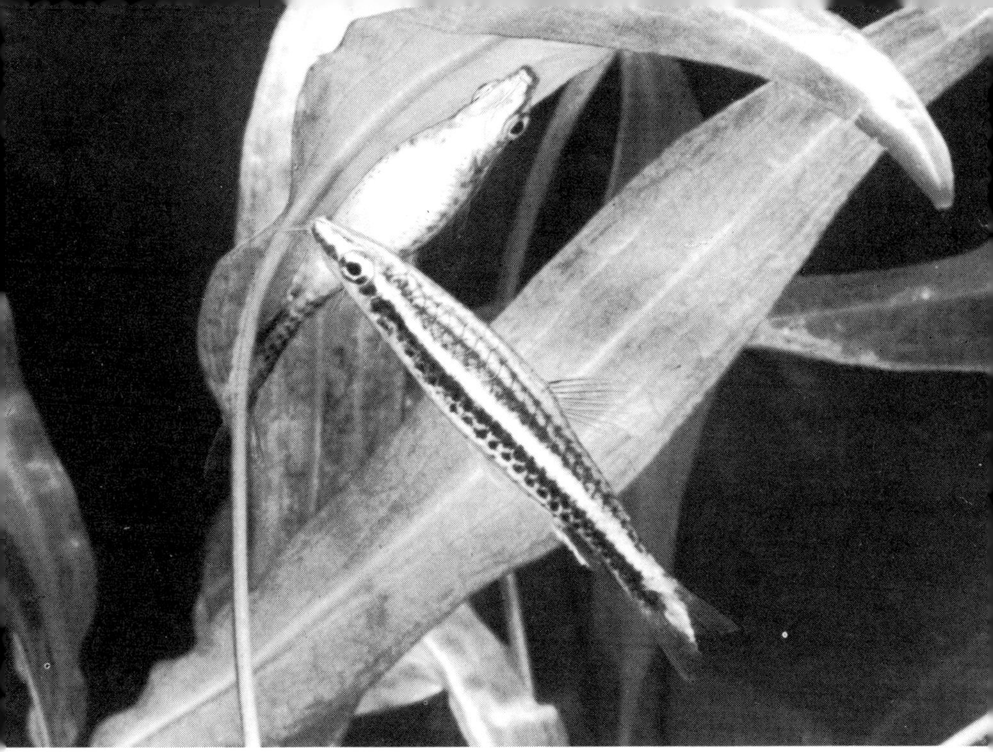

Nannobrycon eques — Das Weibchen an dem Blatt in Laichposition, Männchen sieht zu (oben), Paarung (unten).

der zum Weibchen zurück. Nachdem das Männchen immer temperamentvoller getrieben und mit dem Maul dem Weibchen in die Bauchpartie gestupst hat, folgt die Partnerin zu dem Laichsubstrat. Sobald das Weibchen den Laichplatz ausgewählt hat, ist das Männchen sofort da, schwimmt an die Seite der Partnerin und schlingt den Schwanzstiel um die Rückenpartie des Weibchens knapp hinter der Rückenflosse. Nach kurzem Zittern werden die Geschlechtsprodukte ausgestoßen, und das Zuchtpaar trennt sich mit sichtbarem Ruck voneinander.

Karpfenfische laichen entweder auf Pflanzensubstrat, auf steiniges Substrat oder wechseln das Substrat nach Bedarf. Meistens sind sie Laichräuber, und nur ausnahmsweise treiben sie sogar Brutpflege (z. B. Moderlieschen). Die Eier kleben stark und heften sich an die Pflanzen oder sie sind wenig klebend und sinken zum Boden. Die Eleutherembryonen schlüpfen nach 24–36 Stunden, liegen 1–6 Tage am Boden oder hängen sich an die Wasserpflanzen bzw. Aquarienwände mit einem Sekret, das von den Haftdrüsen am Scheitel abgesondert wird. Sofort nach dem Freischwimmen überwältigen Protopterygiolarven relativ große Happen vom lebenden „Staubfutter" oder Trockenfutter, das vorher feucht gemacht werden muß, so daß es zu Boden sinkt, denn die meisten Jungfische halten sich zunächst ausschließlich in den unteren Wasserschichten auf und schwimmen selten an die Oberfläche.

Afrikanische Längsstreifenbarbe *Barbodes ablabes*

Diese Art wurde in Europa erst vor kurzem aus der Umgebung von Conakry/Afrika eingeführt. Im Aquarium gewöhnt sie sich leicht ein und pflanzt sich sogar willig fort. Die größeren Weibchen werden 8–10 cm lang, Männchen sind nicht nur kleiner, sondern auch deutlich schlanker. Zur Zucht genügt mittelhartes Wasser und eine Temperatur von 24–26° C.

Paarungen finden über den Wasserpflanzen statt. Das Männchen jagt zunächst außerordentlich wild das Weibchen. Nur langsam ändert sich die Situation, und das Weibchen beginnt, den Laichplatz im Pflanzengewirr auszuwählen. Bei 26° C schlüpft die Brut nach etwa 30 Stunden und erst nach 5–6 Tagen schwimmt sie frei. Zuerst fressen die Jungfische nur lebendes „Staubfutter" in entsprechender Größe, bald aber nehmen sie mit Appetit Kunstfutter (z. B. Mikromin). Ausgewachsene Fische sind Allesfresser.

Barbodes ablabes oben Männchen, unten Weibchen.
Barbodes fasciatus oben Männchen, unten Weibchen.

Barbodes fasciatus — Das Männchen stupst das Weibchen in den Bauch.

Ab und zu wird eine andere afrikanische Barbe, und zwar die Afrikanische Längsstrichbarbe *Barbodes holotaenia* importiert. Sie unterscheidet sich von *B. ablabes* durch höhere Körperform, dunkle Flekken auf den Schuppen sowie durch längere Barteln beim zweiten Paar. Über die Fortpflanzung dieser Art ist noch nichts bekannt.

Glühkohlenbarbe *Barbodes fasciatus*

Im südlichen Teil Vorderindiens und auf den Inseln Sumatra und Borneo ist diese Barbe beheimatet. Die Männchen sind größer als Weibchen und werden bis 12 cm lang. Die graugelbe Grundfarbe ist beim vollerwachsenen Männchen mit einem weinroten bis violetten Hauch überzogen. Die Querbänderung kann sich in unregelmäßige schwarze Flecke ändern, die aber deutlich fünf Querstreifen andeuten. Das Männchen hat in der Mitte des Oberkiefers (auf der Schnauze) einen gelblichweißen ovalen Fleck. Mit dem Wachstum bzw. im Alter ändert sich die Zahl der Querstreifen. Jungtiere im Alter um drei Wochen tragen nur drei Querstreifen.

Barbodes fasciatus — Paarung an dem Javamoos-Büschel.

Zuchtpaare sind streitsüchtig, und im kleineren Laichbecken jagt das Männchen ein noch nicht laichbereites Weibchen oft so wild, daß es stirbt. Die laichwillige Partnerin dagegen leitet das Männchen zu den Pflanzen. Bei der Paarung hakt der Partner seinen Schwanzstiel in typischer Weise über dem Rücken des Weibchens hinter der Rückenflosse ein.

Die im Durchschnitt 1,3 mm großen, leicht gelblichen Eier haben eine sehr klebende Eihülle, sie werden von den Eltern mit Appetit gegessen, denn es hilft kein Laichrost – die klebrigen Eier fallen nicht hindurch. Glühkohlenbarbeneier stellen große Ansprüche an die Wasserqualität. Das Wasser muß chemisch sowie biologisch einwandfrei und möglichst weich sein (höchstens 2–3° dNKH, nur mit Spuren von Alkalität). Es ist notwendig, Jungfische langsam und vor dem Übersetzen in ein Aufzuchtbecken an ein Wasser mit größerer Alkalität bzw. Karbonathärte zu gewöhnen. Wenn sie sich auf die Seite am Boden legen, muß die Alkalität sofort herabgesetzt werden, sonst gehen die Jungtiere in kurzer Zeit ein. Erwachsene Fische sind dagegen recht unempfindlich und langlebig. Sie machen uns im Gesellschaftsbecken oft 5–7 Jahre Freude.

Fünfgürtelbarbe *Barbodes pentazona*

Von der Malaiischen Halbinsel, Singapur, Kalimantan (Borneo) und Sumatra stammt die Fünfgürtelbarbe. Das Weibchen ist größer als das Männchen und erreicht eine Länge bis 5 cm. Das Laichverhalten dieses recht anspruchslosen Fisches gleicht dem der anderen Barben. Die Paarung findet verschieden tief an den Wasserpflanzen statt. Dabei drängt sich das Männchen seitlich an das Weibchen und umschlingt mit dem Schwanzstiel den Hinterrücken der Partnerin hinter der Rückenflosse.

Im Gelege können wir 300 bis 400 Eier ausmachen. Die stattliche Brut schlüpft bei 26° C nach etwa 26–30 Stunden aus und nach 6 Tagen schwimmt sie frei. Mit lebendem „Staubfutter" ist die Aufzucht problemlos. Zunächst wachsen die Fischchen schnell, später verlangsamt sich das Wachstum, so daß Jungfische erst im Alter von 10–12 Monaten geschlechtsreif werden.

Dreibandbarbe *Capoeta arulia*

Gewässer im südwestlichen Vorderindien, im Staat Travancore in der Umgebung von Cauvery werden von der Dreibandbarbe bewohnt. Das Weibchen ist stattlicher und wird bis 12 cm lang. Während der Laichzeit zeigt sich beim Männchen ein weißlicher Laichausschlag um das Maul herum. Die Nachzucht ist nicht schwer, allerdings bleibt der Nachwuchs zahlenmäßig klein. Das Paar benötigt ein größeres Becken, man denke an die Größe der Tiere.

Nach längerem Jagen, Imponieren und Treiben beginnt das Weibchen, den Laichplatz auszusuchen, dabei folgt der Partner ständig. Die Dreibandbarbe ist überhaupt nicht anspruchsvoll bei der Auswahl des Laichsubstrates. Obwohl sie am liebsten an feinfiedrigen Wasserpflanzen ablaicht, verschmäht sie breitblättrige Pflanzen, flache Steine und sogar Sandboden nicht. Während der Paarung wird der Rücken des Weibchens hinter der Rückenflosse fest vom Schwanzstiel des Männchens umschlungen.

Eilandbarbe *Capoeta oligolepis*

Nur bis 5 cm groß wird diese Barbe von der Insel Sumatra; sie ist genauso anspruchslos wie die Dreibandbarbe, wenn es um die Auswahl des Laichsubstrates geht. Sehr willig laicht sie nicht nur in un-

Capoeta oligolepis — Paarung in oberen Wasserschichten an Wasserpflanzen (oben). Paarung am Sandboden, Laichsubstrat wird gewechselt (unten).

teren Wasserschichten, sondern auch ziemlich weit vom Bodengrund ab, ab und zu sogar im freien Wasser. Bei der Vorbereitung des Ablaichens sind die Männchen recht aktiv oder aggressiv. Leider nimmt die ursprüngliche Zudringlichkeit schnell ab, die Intensität beim Laichen wird schwächer und schwächer und am Ende werden sie offensichtlich müde. Wenn die Männchen nicht rechtzeitig herausgefangen werden, verspeisen sie mit den Weibchen zusammen die Eier, die glasklar sind und stark kleben. Die Aufzucht ist einfach.

Messingbarbe *Capoeta semifasciolata*

In Südostchina ist die Messingbarbe beheimatet. Die Weibchen sind stets größer als die Männchen, und in der freien Natur erreichen sie eine Länge bis 10 cm. Die Art ist sehr verschieden ausgefärbt. Fast jede eingeführte Population unterscheidet sich von der anderen und bildet eine Lokalform. Es ist also kein Wunder, daß bei der Nachzucht weitere Mutationen entstanden sind. Die bekanntesten Mutanten wurden im Handel als Brokatbarbe *Capoeta „schuberti"* be-

Capoeta semifasciolata — Männchen stupst das Weibchen in die Seite.

Capoeta „schuberti" — Laichplatzsuche in den Schwimmpflanzen (oben), Paarung unter der Wasseroberfläche am Tausendblatt (unten).

zeichnet. Es gibt noch verschiedene andere Formen, z. B. die in den USA gehaltene albinotische Form mit typisch roten Augen und nicht typischen schwarzen Flossen.

Es ist günstig, zum Ablaichen ein größeres Aquarium zu wählen. Dort finden sehr bewegte Liebesspiele statt. Nach dem erregenden Locken durch das Männchen wird die Partnerin zu den Pflanzen geleitet. Das Männchen verliert dabei die dunkle Querstreifung, und die Körperseiten glänzen goldgrün. Es stupst das Weibchen in den Bauch und versucht, den Weg zu den Pflanzen zu zeigen. Den Laichplatz wählt das Weibchen aus. Er kann am Boden, in den mittleren Wasserschichten oder sogar in schwimmenden Pflanzen an der Oberfläche liegen. Wegen der geringeren Größe des Männchens sieht die Paarung bei der Brokatbarbe oft nicht typisch aus. Dem Männchen gelingt es nur selten, das Weibchen richtig mit dem Schwanzstiel zu umschlingen, es kann an der Körperseite der Partnerin „hinabrollen" oder herunterrutschen.

Die gelblichen Eier sind relativ klein. Bei 24° C schlüpft die Brut schon nach 24 Stunden. Da diese Barbe unempfindlich und leicht aufzuziehen ist, kann man die Art selbst Anfängern sehr empfehlen.

Viergürtelbarbe, Sumatrabarbe *Capoeta tetrazona*

Aus stehenden und langsamfließenden Süßgewässern Sumatras und Kalimantans (Borneo) stammt diese Barbe. Sie erreicht eine Größe bis zu 7 cm. Zur Zeit sieht man in Aquarien nicht nur die typische Wildform, sondern viel öfter auch die zahlreichen Farbmutanten unter verschiedenen Namen. Die bekanntesten sind sogenannte „Moosgrünbarben", verschiedene xanthorische (gelbgefärbte) Formen mit schwarzen Augen, echte „Albinos" mit roten Augen oder „Hongkong-Form", bei der es sich um „Albinos" mit rotem Bauch und Kehle handelt. Das Verhalten beim Liebesspiel ist bei allen diesen Farbformen gleich.

Als Ablaichbecken verwenden wir am besten ein größeres Aquarium, weil das Weibchen dann nicht vom Männchen so brutal verfolgt werden kann. Auch eine niedrigere Wassertemperatur, z. B. zwischen 21–23° C, sorgt für einen etwas ruhigeren Ablaichverlauf. Man beachte aber, daß die Zuchtformen wärmebedürftiger sind und eine Temperatur um 25–26° C erforderlich ist. Wenn das Weibchen auf das ständige Locken des Männchens zu reagieren beginnt, leitet

„Moosgrünbarbe" — Paarung seitlich gesehen (oben).
Capoeta tetrazona (xanthorische Zuchtform) Paarung.

es den Partner zu den Wasserpflanzen und damit zum Laichplatz. Da setzen sich beide Tiere nicht zu tief in das Pflanzendickicht. Bei der Paarung hakt das Männchen den Schwanzstiel auf dem Rücken des Weibchens hinter der Rückenflosse ein. Das gleiche kann man nicht nur bei der Wildform, sondern auch bei den Mutanten, „Moosgrünbarben" sowie der xanthorischen Zuchtform, beobachten.

Das Zuchtwasser soll recht weich sein und eine Nichtkarbonathärte von 2 bis höchstens 5° dNKH bei möglichst niedriger Alkalität aufweisen, nur bis 0,5° dKH. Torfextrakt- oder Toruminzusatz ist recht empfehlenswert. Ein Ablaichen erbringt oft 600–700 Eier, die relativ groß und gelblich gefärbt sind. Die Brut schlüpft bei 24° C nach 36 Stunden, und nach fünf Tagen schwimmt sie frei. Leicht nimmt sie von Anfang an *Artemia*-Nauplien auf und wächst recht schnell. Bei „Moosgrünbarben" sind viele Tiere unfruchtbar oder komplizierte Hybriden (Kreuzungen) zwischen verschiedenen Zuchtformen. Sie muß man rechtzeitig nach der Färbung sortieren, sonst besteht die Gefahr, daß die schönsten der jungen, recht langsam wachsenden „Moosgrünbarben" bei der Nahrungskonkurrenz der lebensfähigeren Farbmutantengeschwister verhungern oder ihnen sogar zum Opfer fallen, d. h. verspeist werden.

Prachtbarbe *Puntius conchonius*

Recht verbreitet im nördlichen Teil Vorderindiens, in Bengalen und Assam ist die Prachtbarbe, die in der Natur eine Länge bis 14 cm erreicht. In der Gefangenschaft bleibt sie wesentlich kleiner und ist in einer Länge um 6 cm geschlechtsreif. Die Prachtbarbe ist eine der unempfindlichsten Arten von allen Aquarienfischen. Man kann sie bei 15° C überwintern. Sie ist außerordentlich gut für Anfänger geeignet. In letzter Zeit sind verschiedene Zuchtformen beliebt geworden, vor allem die goldene Mutante, die Schleiermutante und die goldene Schleierprachtbarbe.

Bei der Wildform verlaufen die Liebesspiele schnell, Mutanten sind hauptsächlich wegen der langen Flossen nicht so beweglich. Zunächst wird das Weibchen oft recht energisch vom Männchen angegriffen, so daß es flüchtet. Später flieht das Weibchen nicht so panisch vor dem Partner und läßt sich endlich zu den Pflanzen führen. Beim eigentlichen Laichakt „sitzen" beide Zuchtfische an den

Pflanzen. Die Eier sind klein und glasklar, und die Brut schlüpft bei 24° C nach 36 Stunden, nach 5–6 Tagen schwimmt sie frei.

Zuerst muß man die Fischchen mit feinstem „Staubfutter" anfüttern. Am besten mit Pantoffeltierchen *Paramecium* oder Rädertierchen und erst später mit Cyclops- oder Artemia-Nauplien, die am Anfang zu groß und auch zu beweglich für die recht kleine Fischbrut sind. In der Not nehmen die Jungfische ebenfalls zerriebene Tubifex-Würmer, Enchyträen oder Trocken- und Kunstfutter, das vorher feucht gemacht sein muß, damit es zu Boden sinkt oder zumindest im Wasser schwebt. Mit dieser Ersatznahrung können wir aber nur eine geringere Anzahl von Jungfischen als mit Lebendfutter großziehen.

Schwarzfleckbarbe *Puntius filamentosus*

Die Gewässer im westlichen Teil Südindiens bewohnt die Schwarzfleckbarbe, die eine Größe bis zu 15 cm erreicht. Männchen sind kleiner und schlanker als Weibchen und besitzen im Vorderteil der Rückenflosse fadenförmig verlängerte Strahlen. Bei der Größe des Fisches muß ein entsprechend geräumiges Laichbecken gewählt werden. Die Nachzucht der recht fruchtbaren Schwarzfleckbarbe ist einfach.

Anfänglich jagt das Männchen die Partnerin durch das Becken, dann versucht das Männchen, das Weibchen zum Laichsubstrat zu leiten. Der Laichakt findet im Pflanzengewirr statt. Das Männchen schlingt in der typischen Weise den Schwanzstiel über den Rücken des Weibchens hinter der Rückenflosse und drückt die Partnerin dicht an das Laichsubstrat. Nach einem Ruck schwimmen beide Tiere auseinander.

Das Jugendkleid ändern die Fische mehrmals. Zunächst tragen sie dunkle Querstreifen und rötliche bis ziegelrote Flossen, später haben die halbwüchsigen Exemplare eine rötliche Schwanzflosse mit einem schwarzen Fleck in jedem Lappen, der mit weißer Spitze beendet wird. Die Schwarzfleckbarbe ist anspruchslos und verträgt gut Temperaturschwankungen zwischen 17–25° C.

Purpurkopfbarbe *Puntius nigrofasciatus*

Aus den seichten, langsamfließenden Gewässern im südlichen Teil von Sri Lanka stammt die maximal 6 cm langwerdende Barbe. Wenn

Puntius conchonius (Schleierzuchtform) Männchen stupst das Weibchen (oben). Männchen leitet das Weibchen zum Laichsubstrat (unten). Paarung (rechts).

Puntius filamentosus — Männchen treibt das Weibchen (links oben).
Paarung (links unten).
Jugendkleid (oben).

sie bei Temperaturen zwischen 14 und 16° C kalt überwintert, laicht sie im Frühling in von der Sonne bestrahlten Becken recht willig. Die Färbung der Männchen ist faszinierend. Es kontrastiert der vordere purpurrote Körper mit der hinteren samtschwarzen Hälfte sehr eindrucksvoll. Dazu treten noch grünlich glänzende Tüpfelchen hervor, mit denen der ganze Körper besät ist.

Das Ablaichen ist stürmisch, und einzelne Paarungen finden im Pflanzendickicht nahe dem Boden statt. Das Männchen legt in der typischen Weise den Schwanzstiel über den Rücken des Weibchens. Zur Nachzucht genügt ein mittelhartes Wasser. Die Aufzucht ist einfach. Die Purpurkopfbarbe ist ein Allesfresser und für Anfänger gut geeignet.

Odessa-Barbe *Puntius sp.*

Diese Barbe kam 1972 aus der Sowjetunion nach Mitteleuropa. Im Jahre 1971 wurde sie zum ersten Mal auf dem Zierfischmarkt in Odessa angeboten. Ihr Ursprung wurde bis jetzt geheimgehalten. Offensichtlich wurde sie aber in Odessa erfolgreich nachgezüchtet, und von dort gelangte sie über Europa in die ganze Welt. Nach gründlichen Studien ist diese Barbe sehr nahe mit *Puntius cumingi* und *Puntius ticto* verwandt. Identisch ist sie aber mit *P. ticto* bei weitem nicht, wie es einige Autoren behaupten. Die Odessa-Barbe wird etwa 6 cm lang, das Männchen ist schlanker als das Weibchen und seine Körperseiten sind mit kräftigrotem Längsband geziert.

Das Laichverhalten ähnelt dem des *P. conchonius* stark. Kreuzungsversuche der Odessa-Barbe mit *P. conchonius* und *P. narayani* waren erfolgreich und ergaben in erster Filialgeneration (Tochtergeneration) intermediäre Nachkommenschaft (mit gemischten Merkmalen). Den Laichplatz wählt das Weibchen. Beim Laichakt schlägt das Männchen nicht immer in typischer Weise den Schwanzstiel über den Rücken des Weibchens.

Zur Entwicklung brauchen die Eier und Embryonen ein weicheres Wasser, d. h. einer Nichtkarbonathärte bis 7° dNKH mit einer Alkalität, die nicht 1° dKH übersteigt. Die Eier sind glasklar und im Durchschnitt 0,9 mm groß. Bei einer Wassertemperatur von 24° C schlüpfen die Eleutherembryonen nach 28 Stunden und werden nur 2,9 mm lang. Nach 120 Stunden schwimmen die Protopterygiolarven frei und erreichen eine Länge von 4,6 mm. Die Aufzucht mit lebendem „Staubfutter" ist problemlos.

Schleierschwanz *Carassius auratus* var. *bicaudatus*

Der Schleierschwanz ist eine Form- und Farbmutante des Goldfisches *Carassius auratus.* Eine tausendjährige traditionelle Zucht der Schleierschwänze ließ durch geduldige Selektion viele weitere Mutanten entstehen. Grau, weiß, samtschwarz, rot oder scheckig sind diese Fische, manchmal weisen sie sogar unterschiedliche Formen auf oder tragen keine Rückenflosse wie der Pompom bzw. das Blasenauge.

Ihrer Zucht wird viel Sorgfalt vor allem in China und Japan gewidmed. Die Schleierschwänze laichen wie Goldfische an Wasserpflanzen ab. Sie sind oft recht ungeschickt wegen ihrer untersetzten Kör-

Puntius sp. Männchen folgt dem Weibchen in das Pflanzendickicht (oben).
Paarung (unten).

Carassius auratus var. *bicaudatus* — Männchen führt das Weibchen (oben). Anfang der Paarung (unten).

per und der zu langen Flossen. Zunächst leitet das Männchen die Partnerin, dann übernimmt sie die Initiative beim Aussuchen des Laichplatzes.

Die Nachkommenschaft ist sehr zahlreich, leider haben nur wenige Exemplare die gewünschte Form und Farbe. Jungfische wachsen relativ langsam und nicht gleichmäßig. Es dauert oft viele Monate oder Jahre, bis sie ihre Schönheit zeigen. Deshalb ist die Aufzucht der vielen Jungtiere, von denen nur wenige unseren Ansprüchen genügen, sehr aufwendig. Der Preis für die Hochzuchtfische ist entsprechend hoch.

Moderlieschen *Leucaspius delineatus*

Dieser kleine, höchstens 10 cm erreichende Fisch ist in Nord-, Ost- und Mitteleuropa stark verbreitet, soweit die Gewässer nicht verschmutzt sind. Sie leben in Schwärmen sowohl in stehenden als auch in langsamfließenden Gewässern. Die Art ist ein interessanter Fisch für das Kaltwasseraquarium, obwohl sie auch höhere Wassertemperaturen recht gut verträgt.

Zur Laichzeit reinigt das Männchen einen Blattstiel der Teichrose oder den Stengel des Schilfrohrs. Das Männchen treibt sehr energisch das Weibchen oft viele Stunden oder sogar tagelang. Erst wenn die Eier reif genug sind, ändert sich das Verhalten des Männchens, das das Weibchen sehr zart zum Laichsubstrat zu locken beginnt. Das Weibchen zeigt eine gut sichtbare Legeröhre, mit der es die Eier an das Pflanzensubstrat meistens in einer mehrreihigen Spirale, einem Ring oder sogar entlang der Blattstielachse ablegt. Das Männchen betreut das Gelege. Ab und zu streicht es sein Hautsekret an die Eier, damit werden sie vor bakterieller Infektion und Verpilzung geschützt. Das Männchen verteidigt dabei ein ziemlich großes Revier, aus dem es jeden unerwünschten Gast recht energisch verjagt.

Schillerbärbling *Brachydanio albolineatus*

In fließenden Gewässern Hinterindiens und auf Sumatra lebt dieser Bärbling. Das Weibchen wird größer als das Männchen und erreicht eine Länge bis 5,5 cm. Dieser ausgesprochene Schwarmfisch laicht in mittleren und oberen Wasserschichten. Nach heftigem Treiben

Leucaspius delineatus oben Männchen, unten Weibchen mit Legeröhre.

des Männchens sucht das Weibchen den Laichplatz aus. Das Männchen drückt sich von einer Seite an die Partnerin mit einem solchen Elan, daß es oft gar nicht bemerkt, daß sie am Pflanzensubstrat schon lange vorbei sind. So kommt es zum Laichakt im vollkommen freien Wasser. Nicht liederlich verhält sich das Männchen bei der Paarung, sondern stets umschlingt es mit dem Schwanzstiel sorgfältig den Rücken des Weibchens hinter der Rückenflosse. Nach heftigem Ruck „fliegen" beide Fische auseinander, und im Wasser schweben verstreut die Eier, die schwerer als Wasser sind und deshalb zu Boden sinken. Ein laichwilliges Männchen läßt die Partnerin nicht eine Weile in Ruhe. Das Zuchtpaar muß nach beendetem Ablaichen sofort herausgefangen werden.

Aus glasklaren Eiern schlüpft die Brut bei einer Wassertemperatur von 26° C erst nach drei Tagen, dann hängt sie an den Wasserpflanzen und Aquarienscheiben oder liegt auf dem Boden. Nach 5–6 Tagen schwimmen die kleinen Fischchen frei und halten sich dicht unter der Wasseroberfläche auf. Man muß mit Rädertierchen oder Pan-

Brachydanio albolineatus — Weibchen sucht den Laichplatz aus (oben links). Männchen drückt sich seitlich an das Weibchen (oben rechts). Laichakt (unten).

toffeltierchen anfüttern. In der Not nehmen sie aber auch mit fein zerriebenem Kunstfutter oder MikroMin vorlieb. Sie wachsen schnell, aber nicht gleichmäßig, deshalb muß man ab und zu die größeren Exemplare rechtzeitig abfischen, bevor sie ihre kleineren Geschwister verspeisen.

Zebrabärbling *Brachydanio rerio*

Der Zebrabärbling ist im östlichen Teil Vorderindiens zu Hause. Er wird bis 4,5 cm lang. Einige Weibchen sind einem bestimmten Männchen „treu", mit dem sie am besten und am liebsten ablaichen. Eine Überwinterung ist auch in einem nicht zu gut geheizten Zimmer möglich, wenn die Temperatur nicht unter 16° C absinkt. Die Haltung, das Verhalten beim Laichen und die Nachzucht sind wie beim Schillerbärbling, nur die Paarung findet am Boden statt oder zumindest in unteren Wasserschichten. In letzter Zeit ist eine langflossige Mutante, also ein Schleierzebrabärbling, sehr beliebt, die beim Ablaichen nicht so heftig und lebhaft ist. Die Paarung weicht von der der Wildform nicht ab.

Malabarkärpfling *Danio aequipinnatus*

Dieser Schwarmfisch ist in sauberen küstennahen Fließgewässern im westlichen Vorderindien und auf Sri Lanka beheimatet. Dort erreicht er eine Länge bis 15 cm, im Aquarium dagegen wird er schon mit 6–7 cm geschlechtsreif. Zur Haltung und Nachzucht wird ein langes Becken mit viel freiem Raum zum Schwimmen benötigt.

Das Laichverhalten ist mit dem der Brachydanio-Arten identisch. Heftig bzw. stürmisch wird vom Männchen getrieben, zuletzt wählt aber das Weibchen den Laichplatz aus, und der laichwillige Partner folgt geduldig. Bei der Paarung umschlingt das Männchen immer das Weibchen und drückt es hinunter. Der Laichakt wird mit einem Ruck beendet, und die Eier sinken langsam zu Boden oder bleiben teilweise an den Wasserpflanzen hängen.

Die Brut ist recht gefräßig und läßt sich nicht nur mit Lebendfutter, sondern auch mit fein zerriebenem Trockenfutter ernähren. Das Wachstum ist schnell. Jahrelang war diese Art den Aquarianern unter dem Namen *D. malabaricus* dank unrichtiger Bestimmung bei erstem Import bekannt. Ob überhaupt in der Gefangenschaft irgendwann der echte hochrückige *Danio malabaricus* gehalten wurde, ist deshalb nicht sicher.

Danio aequipinnatus — Schwimmen zum Laichplatz (oben).

Paarung (Mitte). Auseinanderspringen und Eiwolke (unten).

Schlankbärbling *Rasbora daniconius*

Aus Vorder- und Hinterindien, Sri Lanka, dem Stromgebiet des Ganges, Thailand und den Großen Sunda-Inseln stammt diese Art. Dort erreicht sie bis 20 cm, im Aquarium bleibt sie mit 6–9 cm wesentlich kleiner. Beide Geschlechter sind schlank, nur in der Laichzeit ist das Weibchen in der Bauchpartie etwas voller.

Das Laichverhalten ähnelt stark dem des Zebrabärblings. Ein Zuchtpaar laicht im Pflanzendickicht nahe dem Bodengrund ab. Die Aufzucht der Jungfische ist nicht immer gleich erfolgreich.

Keilfleckbarbe *Rasbora heteromorpha*

In den langsamfließenden Gewässern der Malaiischen Halbinsel, in Thailand und im östlichen Teil Sumatras ist die Keilfleckbarbe stark verbreitet. Sie laicht im Aquarium meistens zu mehreren Paaren. Dieser typische Haftlaicher legt die Eier an die untere Seite der Blätter festerer Wasserpflanzen ab, z. B. Cryptocorynen und Ludwigia.

Am liebsten laichen die Fische in den Vormittagsstunden in einem von der Sonne bestrahlten Aquarium. Zunächst beginnt das Männchen mit dem Imponieren und Treiben, dann stellt es sich seitlich zum Weibchen und endlich „reitet" es mit der Kehle auf den Kopfscheitel der Partnerin auf, schwimmt weg und kehrt wieder zu ihr zurück. Sobald das Weibchen genug ausgereifte Eier hat, sucht es ein festeres Pflanzenblatt aus und gleitet mit dem Bauch an die Blattunterseite. Das Männchen sieht am Anfang nur zu, später dreht es sich aber auch mit dem Bauch nach oben neben das Weibchen und umklammert mit dem Schwanzstiel die hintere Rückenpartie der Partnerin hinter der Rückenflosse. Durch die Fischkörperchen verläuft ein kurzes Zittern, das mit einem Ruck beendet wird. Beide Tiere trennen sich dabei voneinander, und an dem Blatt kleben ein paar Eier. Selbstverständlich fällt auch einmal ein Ei herunter. Pro Laichakt werden gewöhnlich 1–20 Eier abgelegt. Das Gesamtgelege enthält oft 200–300 Stück.

Zur Nachzucht muß ein weicheres Wasser verwendet werden. Eine Nichtkarbonathärte bis 5° dNKH beeinflußt die Ei- und Embryonenentwicklung nie negativ, es schadet nur die Alkalität, die möglichst unter 0,5° dKH liegen sollte. Torfextrakt- oder Torumin-Zugabe ist recht empfehlenswert, bis das Wasser schwach gelblich ist. Die optimale Laichtemperatur liegt bei 26–28° C, die Eleutherembryonen

Rasbora heteromorpha — Weibchen unter dem Blatt in Laichlage, Männchen sieht zu (links). Männchen dreht sich zum Weibchen (rechts). Paarung (unten).

schlüpfen dann nach 24–28 Stunden aus der Eihülle. Die Protopterygiolarven schwimmen nach fünf Tagen frei, sind recht groß, gefräßig und leicht mit *Artemia*-Nauplien zu füttern. Hauptproblem der Nachzucht sind ein geeignetes Laichsubstrat und reines weiches Wasser mit niedriger Alkalität, der pH-Wert sollte zwischen 6,4–7,0 liegen.

Schmerlen oder Dorngrundeln *Cobitidae*

Fische dieser Familie sind Bewohner Eurasiens und dringen teilweise auch in Nordamerika ein. Sie sind sehr gut dem Leben am Bodengrund angepaßt. Dort suchen sie ihre Nahrung, die aus Würmern und Insektenlarven besteht. Das Wohlbefinden dieser Fische im Aquarium hängt stark vom feinsandigen Bodengrund, den Lichtverhältnissen und Versteckmöglichkeiten ab. Sie fressen gern Hüpferlinge, Tubifex, Enchyträen, Rote Mückenlarven, aber auch verschiedene zu Boden sinkende Futterreste und angefeuchtetes Trockenfutter.

Über die Fortpflanzung der vielen Arten in der Natur ist nichts Sicheres bekannt. In der Gefangenschaft wurden vor allem die *Acanthophthalmus*-Arten erfolgreich nachgezüchtet.

Siam-Dornauge *Acanthophthalmus myersi*

Aus Thailand stammt diese bis 8 cm groß werdende Art. Männchen sind gewöhnlich größer und dunkler gefärbt als Weibchen. Das Siam-Dornauge hat sich schon relativ gut im Aquarium eingewöhnt. Leider bleibt bei der Fortpflanzung noch vieles unklar.

Manche Züchter brachten diese Fische durch die sogenannte Hypophysation zum Ablaichen. Sie haben den Fischen Hormone von Säugetieren eingespritzt, und die Fische laichten. Bei der Wiederholung klappt aber diese Methode oft nicht. Außerdem hatte ein Züchter damit Erfolg gehabt, andere dagegen mit derselben Hormonmenge die Fische sogar getötet. Warum hat es nicht geklappt? Das Einspritzen von Hormonen der Säugetiere ist nämlich aus physiologischen und biochemischen Gründen sinnlos, weil die Zusammensetzung dieser Hormone nicht den Erfordernissen von Fischen ent-

Acanthophthalmus myersi — Das Schwimmen zur Wasseroberfläche und Anfang des Laichaktes.

spricht. Die eingespritzten Hormone müssen deshalb wirkungslos bleiben. Erfolgreich würde sicher eine Verwendung der Hormone von Fischen sein. Das hat leider bis jetzt niemand ausprobiert. Die Hormone müssen von richtig überwinterten Fischen, z. B. von Karpfen, stammen und schnell richtig und speziell behandelt werden, damit sie überhaupt wirksam werden können. Vielmehr scheint es, daß die Zuchterfolge zufällig waren, weil bestimmte Lebensansprüche der Schmerlen im Aquarium erfüllt wurden, die keiner der Züchter bis jetzt genau bestimmen konnte.

Das Siam-Dornauge laicht also noch nicht auf Befehl. Doch ab und zu findet die Fortpflanzung im Aquarium statt. Und wie verläuft das? Zunächst werden die Weibchen recht umfangreich in der Bauchpartie. Obwohl die Fische sich bis zu dieser Zeit wie ein Schlangenknäuel versteckt hatten, z. B. in einer Hälfte der Kokosnußschale, verlieren sie auf einmal die angeborene Scheu und beginnen, am Boden hin und her zu wandern. Die Nervosität der Tiere steigert sich, und das Männchen versucht, die Barteln der Partnerin mit dem

Mund festzuhalten. Wenn es ihm gelingt, schwimmen beide Tiere wie auf einer spiralig gewundenen Linie zur Wasseroberfläche. Knapp unter der Oberfläche windet sich das Männchen wie ein Wurm in einer Schneckenlinie recht fest um die Partnerin. Dabei stoßen beide Fische die Geschlechtsprodukte aus. In einer großen Wolke verteilen sich die Eier und fallen schnell zum Boden. Das wiederholt sich so lange, bis das Weibchen alle reifen Eier abgelegt hat.

Ein Gelege enthält mehrere hundert Eier je nach Größe und Reife des Weibchens. Die Aufzucht der Jungtiere ist mit durch Kochwasser keimfrei und unbeweglich gemachtem „Staubfutter", Rädertierchen, Cyclops-Nauplien, Artemia-Nauplien und später mit zerhacktem Tubifex nicht schwer.

Schwielenwelse oder Panzerwelse *Callichthyidae*

Mit Knochenplatten stark gepanzert sind die Körper dieser ziemlich kleinen südamerikanischen Bodenfische, die sich von der Bodenfauna und verschiedenen Futterresten ernähren. Sie legen die Eier an Wasserpflanzen, Steine, Holzstücke oder bauen ein Schaumnest. Um die Nachkommenschaft kümmern sie sich entweder gar nicht oder sie treiben wie die schaumnestbildenden Arten Brutpflege. Allgemein bekannt sind die Vertreter der Gattungen *Corydoras, Callichthys* und *Hoplosternum.*

Gestreckter oder Rehbrauner Schwielenwels *Hoplosternum thoracatum*

Die Süßgewässer von Panama bis Paraguay werden von diesem Wels bewohnt. Das Männchen ist größer als das Weibchen und erreicht eine Länge bis 18 cm. Seine Brustflossen sind mehr als beim Weibchen entwickelt, und der erste orangefarbene Brustflossenstrahl ist sehr kräftig sowie mit vielen Haken und Dornen bedeckt.

Das ganze Leben durch sagt diesen Fischen am besten ein schattig gestelltes Aquarium zu. In der Laichzeit baut das Männchen ein großes Schaumnest unter einem an der Wasseroberfläche schwimmenden Teich- oder Seerosenblatt, im Aquarium unter einer Polystyrolplatte. Ein laichwilliges Weibchen stellt sich an eine Seite des Männchens. Dieses Männchen klemmt mit dem mächtigen Brustflossenstachel die Barteln des Weibchens fest, und beide Fische stoßen die Geschlechtsprodukte aus. Das Weibchen fängt die Eier in einer von den Bauchflossen gebildeten Tasche auf, trennt sich vom Männchen und legt die Eier nach einer Umdrehung mit dem Bauch nach oben in das Schaumnest. Die Paarung wiederholt sich; das Gesamtgelege enthält oft über 800 Eier.

Nach dem Ablaichen betreut das Männchen die Eier. Es verteidigt oft ein ziemlich großes Nestrevier, deshalb sollte man das Weibchen herausnehmen. Die Brut schlüpft bei 23–24° C nach etwa 4 Tagen. Jungtiere sind zunächst quer gestreift. Die Aufzucht ist mit Lebendfutter (gehacktem *Tubifex,* Enchyträen, mit heißem Wasser abgebrühten kleinen Hüpferlingen) nicht schwer. Ein häufiger Wasserwechsel ist notwendig. Das Zuchtwasser soll nicht zu hart sein, höchstens 6° dNKH mit möglichst niedriger Alkalität (bis 1° dKH).

Goldstreifen-Panzerwels *Corydoras schultzei*

Zur Gattung *Corydoras* gehören etwa 100 kleine Panzerwels-Arten, von denen viele in der Aquaristik sehr beliebt und deshalb auch verbreitet sind. In der Natur leben sie in Schwärmen in langsamfließenden und stehenden Gewässern Südamerikas. Sie tun uns gute Dienste, indem sie alle auf den Boden des Aquariums gefallenen Futterreste sofort verzehren und damit für sauberes Wasser sorgen. Die meisten Arten vertragen Temperaturschwankungen zwischen 15 und 30° C. Das Wasser soll mittelhart sein mit einem pH-Wert um den Neutralpunkt. Eine Wassertiefe von 20 bis 35 cm ist zu empfehlen. Alle Arten laichen praktisch auf die gleiche Weise ab, nur die Laichbereitschaft bzw. Laichwilligkeit ist bei einzelnen Vertretern der Gattung verschieden. Als typisches Beispiel für das Laichverhalten kann der Goldstreifen-Panzerwels dienen.

Nach nervösem Durchschwimmen des Aquariums stellt sich das Männchen quer vor das Weibchen und umklammert fest mit dem Brustflossenstachel die Barteln seiner Partnerin. Beide Fische geben in dieser Position (manchmal dreht sich das Weibchen mit dem Bauch etwas zum Männchen hin) die Geschlechtsprodukte ab. Beim Weibchen sammeln sich die Eier in einer Tasche, die aus den zusammengelegten Bauchflossen gebildet wird. Danach macht sich das Weibchen vom Männchen frei und schwimmt mit den Eiern durchs Becken, reinigt eventuell noch einen bestimmten Platz und

Hoplosternum thoracatum — Männchen baut ein Schaumnest (oben).

Laichwilliges Weibchen unter dem Nest bei der Paarung (Mitte).

Weibchen streicht die Eier in das Schaumnest ab.

Corydoras schultzei — Querstehendes Männchen, Anfang der Paarung (oben).

Weibchen, dessen „Bauchflossentasche“ voll mit Eiern ist (Mitte).

Weibchen klebt die Eier auf ein Cryptocorynenblatt (unten).

streift die Eier an das gewählte Substrat ab, wo sie sehr fest angeklebt bleiben. Die Paarungen wiederholen sich in verschiedenen Zeitabständen, bis das Weibchen „leer" ist.

Einige Panzerwelse legen die Eier an Pflanzenblätter, andere lieber auf flache Steine, an Glasscheiben, Holzstücke usw. Bei allen Panzerwelsarten haften die Eier recht fest auf dem Substrat. Bei den meisten Arten schlüpft die Brut bei 20–23° C nach 5–8 Tagen. Nach dem Freischwimmen füttert man mit Älchen *Anguillula rediviva,* Grindal *Enchytraeus buchholzi,* Cyclops- und Artemia-Nauplien und später mit gehackten Tubifex-Würmern und Enchyträen. Häufiger Wasserwechsel ist empfehlenswert.

Harnischwelse *Loricariidae*

Nur in Südamerika sind diese Welse mit einem durch dicke Knochenplatten stark gepanzerten Körper zu finden. Sie werden meistens in fließenden Gebirgs- oder Wiesenbächen angetroffen, wo sie sich mit dem Saugmaul auf dem Bodensubstrat festhalten. Als Nahrung dient nicht nur Fleischfutter, sondern sie vertilgen gerne auch Algen, die sie von Steinen, Pflanzen, Holzstücken, im Aquarium ebenfalls von Glasscheiben sehr geschickt und gründlich abraspeln. Harnischwelse suchen schattige Stellen auf und sind fast immer typische Höhlenlaicher.

Borstiger Antennenwels *Ancistrus multispinnis*

Aus dem Humboldtstromgebiet an der Westküste Südamerikas, des Novo Rivers und aus den Gewässern des Staates Santa Catharina (südamerikanische Ostküste) stammt dieser Antennenwels. Das Männchen mit etwa 12 cm Länge ist stets größer als das Weibchen. Es hat auf der Stirn und dem Maul kräftig entwickelte Tentakel, die bei älteren Exemplaren gegabelt sind. Beim Weibchen fehlen Kopftentakel. Borstige Antennenwelse ernähren sich nicht nur von Fleischnahrung, sondern nehmen auch Algen und Pflanzen (Salat, Spinat).

Zur Eiablage suchen sie enge Spalten zwischen Steinen oder relativ schmale Ton- oder Kunststoffröhren (z. B. Vinidurröhren) aus. Männchen sind untereinander sehr streitsüchtig, deshalb müssen die Versteckröhren weit genug voneinander auf den Boden gelegt werden. Kämpfe zwischen den Männchen dauern oft mehrere Stunden. Gelegentlich laicht ein Männchen mit mehreren Weibchen nacheinander ab. Die Eier sind am Anfang orangefarben, später werden sie mehr und mehr dunkel und zeigen schwarze Augenpunkte. Ständig „sitzt" das Männchen an dem Gelege oder weilt in der Nähe und säubert die Eier. Beim Schlupf nimmt es die großen Eleutherembryonen ins Maul und spuckt sie wieder heraus.

Die Aufzucht ist mit Artemia-Nauplien, Mikro-Würmern, später mit Grindal oder gehackten Tubifex-Würmern sowie kleinen Enchyträen gut möglich. Man darf aber nicht pflanzliche Beikost vergessen, z. B. zerkleinerte Kopfsalatblätter und Tablettenfutter wie TabiMin; beides wird von den Fischen sehr gern genommen und unbedingt benötigt.

Hexenwels *Dasyloricaria filamentosa*

Der Hexenwels stammt aus Kolumbien, wo er im Rio Magdalena weit verbreitet ist. Freilebend wird das Männchen mit einer Länge von 25 cm größer als das Weibchen. Im Aquarium erreichen die Fische kaum die Hälfte der erwähnten Größe. Die Haltung, Nachzucht und das Laichverhalten stimmen mit dem überein, was beim Borstigen Antennenwels geschrieben wurde.

Seenadeln *Syngnathidae*

Eines der Hauptmerkmale dieser Meeresbewohner ist die starke Entwicklung des Hautknochenpanzers. Die einzelnen Knochenplatten sind zu Körperringen zusammengeschlossen und hüllen den Fisch praktisch ein. Das als Fangsaugrohr funktionierende Maul ist röhrenförmig. Die Fische ernähren sich ausschließlich von kleinen Krebstieren, die sie mit dem Wasserstrom ansaugen, was oft mit einem lauten Geräusch verbunden ist.

Die Männchen haben entweder vor (Bauchbrüter) oder hinter (Schwanzbrüter) der Afteröffnung eine verschieden gut entwickelte Bruttasche oder mindestens ein längliches Hautfeld mit stark geschwollener klebriger Schleimhaut, das beiderseits von breiten Hautfalten (Hautlippen) bedeckt sein kann. In die Bruttasche legt das Weibchen dem Männchen bei der Paarung die Eier mittels einer langen Legeröhre oder das Männchen sammelt selbst das Eigelege

Ancistrus multispinnis — Männchen mit Eigelege (oben).
Gelege mit dunklen Augenpunkten (unten).

Syngnathus pulchellus — Vorn ein abgetrenntes laichwilliges Paar (oben).
„Trächtiges“ Männchen kurz vor dem Wurf (unten).

nach dem Ablaichen mit den Hautfalten vom Substrat (breiten Pflanzenblättern, Steinen, im Aquarium vom Glasboden) ein. Die Dauer der „Trächtigkeit" des Männchens ist unterschiedlich und abhängig von der Art und der Temperatur. Das Männchen gebärt entweder Protopterygiolarven oder vollentwickelte Jungtiere mit gefüllter Schwimmblase, die sofort ein selbständiges Leben führen. Von der Gattung *Syngnathus* sind etwa 50 Arten bekannt. Nur einige Arten sind sekundär dem Brack- bzw. Süßwasser angepaßt.

Kleine Süßwassernadel *Syngnathus pulchellus*

Diese afrikanische Art ist von Ogowe über das Kongostromgebiet bis zur Elfenbeinküste weit verbreitet. Sie lebt im Brack- sowie im Süßwasser. Freilebend erreicht das dem Weibchen gegenüber größere Männchen etwa 15 cm. Im Aquarium sind die Tiere gewöhnlich mit 10 cm erwachsen.

Auf die Dauer fühlt sich die Kleine Süßwassernadel nur im Brackwasser mit einer Leitfähigkeit um 4000 µS und bei einem pH-Wert von 7,5 bis 8,2 wohl. Das Wasser muß ständig saubergehalten werden, gut gefiltert und durchlüftet sein. Selbst die schwächste Trübung verursacht eine sofortige Verpilzung und dadurch den Tod der Tiere. Der kleinste Nitrat- und Nitritgehalt ist für die Fische recht gefährlich. Ein wöchentlicher Totalwasserwechsel ist empfehlenswert. Die Fische erholen sich dann offensichtlich stark.

Bei der Balz hebt die Kleine Süßwassernadel Kopf und Rumpf vom Boden empor und schwimmt mit schleppendem Schwanz einen Artgenossen an, neben dem sie demonstrativ den Kopf in einem Winkel von 60° angehoben hat. Darauf rutschen sie ein wenig Seite an Seite dahin, ein ruckartiges Losschwimmen fällt dabei auf. Bei den balzenden Tieren erscheinen an den Rumpfseiten blaugrünglänzende ovale Querflecken und dazwischen breite dunkelbraune Streifen. Am auffälligsten ist aber die beträchtliche seitliche Abplattung des Rumpfes bis zu einer scharfen Bauchunterkante, die noch durch ein blutrotes Längsband mit schwarzer Kante am unteren Rand unterstrichen wird; das Längsband reicht etwa vom Kiemendeckel bis zum After. Beide Geschlechter bekommen den roten Bauchstreifen, die seitlichen Querstreifen und Flecke innerhalb von Sekunden, ebenso schnell verlieren die Fische sie wieder, sobald sie zu balzen aufhören. Es gibt meistens mehrere laichwillige Weibchen, die heftig untereinander um das paarungsbereite Männchen konkurrieren. Zu Beginn balzen daher häufig nur Weibchen zu zweit oder sogar in Gruppen, das kann bis zum Emporschwimmen zur Wasseroberfläche oder zum senkrechten „Stehen" auf dem Schwanz am Boden und zu Berührungen mit den Urogenitalpapillen führen.

Wenn sich diese Fische wohl fühlen, imponieren, balzen und treiben sie praktisch das ganze Jahr durch. Schon halbwüchsige Tiere sind bei der Balz und dem Treiben unermüdlich. Beeindruckend ist dann ihre phantastisch schöne Färbung. Der Körper ist S-förmig gebogen, sie imponieren in nebeneinander eingenommenen Reihen (zwei, drei oder mehrere Fische auf einmal). Sobald sich ein laichwilliges Paar zusammenfindet, trennen sich die beiden von der gesamten Gruppe und setzen die Liebesspiele meistens am Boden fort. Zuletzt stellen sich die Partner, die Bäuchlein einander zugewandt, auf mit dem etwa 1 cm gebogenen Ende des Schwanzstieles auf den Bodengrund; sie „stehen" also senkrecht auf dem Schwanz und halten den Kopf hoch. Das Weibchen legt die Eier in die Bruttasche des Männchens oder auf die breiten Wasserpflanzenblätter bzw. auf den Glasboden. Die Eier sind orangefarben und haben durchschnittlich eine Größe von nur 0,9 mm. Außerhalb der Bruttasche entwickeln sie sich nur kurz, d. h. bis zu einem Stadium von 4–8 Blastomeren, also höchstens bis zu einer Stunde. Die Eier müssen deshalb möglichst bald nach dem Ablaichen vom Männchen mit den hiteranalen Hautfalten, d. h. Lippen der Bruttasche (Schwanzbrüter) gesammelt werden. Ein künstliches Ausbrüten ohne Männchen bleibt ohne Erfolg, denn die Embryonen schöpfen offensichtlich viele Nährstoffe vom Körper des Männchens durch die stark angeschwollene Schleimhaut. Von einem so kleinen Ei – 0,9 mm – kann ohne äußere Ernährung nicht ein Fisch entstehen, der bei seiner Geburt eine Größe von 17 mm hat. Die Eihülle ist überdies sehr dünn und fein, sie verliert in der Bruttasche des Männchens in kurzer Zeit ihre Funktion, sie wird resorbiert, und die Eier sowie später die Embryonen bekommen somit in der Bruttasche des Männchens direkten Kontakt mit der Schleimhaut, die nicht nur für Gaswechsel sorgt, sondern auch Nährstoffe zuführt und Abfallprodukte beim Stoffwechsel ableitet.

Zunächst scheinen die orangefarbenen Eier durch die Bruttasche der Männchen hindurch. Später nimmt die Bruttasche einen immer größeren Umfang an und färbt sich dunkel, bis sie kurz vor dem Wurf schwarz marmoriert ist. Die „Trächtigkeit" des Männchens dauert bei einer Wassertemperatur von 27° C 13–15 Tage. Das Männchen dieser Nadelart gebärt vollentwickelte 13–17 mm große Jungfische mit vollgefüllter Schwimmblase. Kleinere Männchen werfen wenige Jungtiere (10–40 Stück), größere Männchen bis 90 Stück. Die Jungfische kommen immer in der Nacht zur Welt, nie wirft das Männchen am Tage. Von Anfang an können die Jungfische sehr kleine *Artemia*-Nauplien überwältigen (ansaugen), doch wenn man ihnen die Möglichkeit gibt, sind sie recht wählerisch bei der Nahrungsaufnahme. Vom Schwarm der Planktontiere wählen sie in den ersten 14 Tagen nur die Nauplien und Copepodit-Stadien der Hüpferlinge-Familie *Cyclopidae*; alle anderen Plantonkrebstiere werden deutlich verschmäht. Erst nach 14–17 Tagen ändert sich die Situation, und sie fressen schon mit Appetit auch *Artemia*-Nauplien bzw. ab und zu die kleinsten Wasserflöhe, aber nicht mit zu großer Begeisterung, nur aus Not! Die Fischchen wachsen ziemlich schnell. Geschlechtsreif sind die Jungtiere meistens schon im Alter von dreieinhalb bis vier Monaten.

Eierlegende Zahnkarpfen *Cyprinodontidae*

Diese Fischgruppe zeichnet sich durch ausstülpbare Lippen aus. Die systematische Gliederung ist vor allem mit Rücksicht auf den unklaren phylogenetischen Ursprung der einzelnen Formen kompliziert. Eierlegende Zahnkarpfen sind über alle tropischen und subtropischen Gebiete der Alten sowie Neuen Welt weit verbreitet. Sie bewohnen Süßgewässer in Südamerika, Afrika, Südeuropa sowie Südasien und fehlen nur in Australien.

Viele Arten sind beliebte Aquarienfische vor allem wegen ihrer Farbenpracht und der Musterungen. Die meisten der hochrückigen Arten haben große Schuppen. Nahe der Wasseroberfläche lebende Vertreter sind an dem von oben abgeflachten Kopf und Rücken zu erkennen. Die Befruchtung der Eier geschieht außerhalb des Fischkörpers im Wasser. Das Ablaichverhalten ist relativ einfach und bei fast allen Arten eigentlich gleich. Unterschiede gibt es bei der Wahl des Laichsubstrats. Einige Arten legen die Eier an Wasserpflanzen (Haftlaicher), andere bringen sie in den Bodengrund ein (Bodenlaicher). Es handelt sich aber nicht nur um eine unterschiedliche Wahl des Laichsubstrats, sondern auch die Lebensweise ist verschieden. Haftlaicher bewohnen Gewässer, die nie vollkommen austrocknen, so daß eine Fischgeneration sich in mehreren nacheinander folgenden Jahreszyklen erfolgreich vermehren kann. Bodenlaicher leben dagegen in Gewässern, die in der Trockenzeit vollkommen austrocknen. Als Fische können sie also nur in der Regenzeit und kurz danach existieren. Die Trockenzeit müssen sie als Embryonen in verschiedenen Entwicklungsstadien überleben. Und diesen ungünstigen Lebensbedingungen hat sich die embryonale Entwicklung angepaßt. Sie ist diskontinuierlich (aussetzend), dabei wechseln sich Entwicklungsphasen und Entwicklungsruhepausen regelmäßig oder unregelmäßig ab.

Die Hülle der Eier aller Eierlegenden Zahnkarpfen ist relativ dick und fest; im allgemeinen klebt sie bei den Haftlaichern, und bei Bodenlaichern ist sie mit verschiedenen Anhängseln, Fäden und Häkchen bedeckt. Bei Arten mit kontinuierlicher Entwicklung entwickeln sich die Eier im Wasser mit normalem Sauerstoffgehalt ununterbrochen. Der Eleutherembryo schlüpft je nach Art und Wassertemperatur in der Regel nach 10–30 Tagen. Bei Arten mit diskontinuierlicher Entwicklung kann die Entwicklung der Eier Tage, Wochen, Monate, eventuell sogar Jahre stagnieren. Man glaubt, daß bei den Arten, die nur in ein Bodensubstrat ablaichen und deren Eier sich diskontinuierlich entwickeln, eine oder mehrere Diapausen aufgrund der Schwankung des Sauerstoffgehalts und vielleicht auch der Wasserhärte verursacht werden.

Eigentlich kann man feststellen, daß die Haltung und Nachzucht der Eierlegenden Zahnkarpfen nicht außerordentlich anspruchsvoll sind. Diese Fische eignen sich im allgemeinen nicht für ein Gesellschaftsbecken, viele Arten sind aber recht widerstandsfähig. Die meisten Vertreter fühlen sich bei niedrigeren Wassertemperaturen um 18–22° C wohl. Viele fressen nicht nur das übliche Lebendfutter, sondern auf Dauer auch Trockenfutter guter Qualität recht willig. Die Brut ist möglichst direkt nach dem Freischwimmen mit Artemia-Nauplien zu füttern; das ist sehr vorteilhaft in Wintermonaten.

Das ganze Leben sind Eierlegende Zahnkarpfen gegen eine Amyloodinium-Infektion recht anfällig. Den meisten Arten sagt weiches bis mittelhartes Wasser zu, das mit Torfextrakt oder Torumin bereichert wird. Leider sind viele Arten mit diskontinuierlicher Eientwicklung sehr kurzlebig. Einige leben sogar nur ein paar Monate, wenn sie zu warm gehalten werden.

Bunter Prachtkärpfling oder Kap Lopez *Aphyosemion australe*

Sumpfgewässer der Küstenregion vom Kongo bewohnt der Kap Lopez. Das Männchen ist größer als das Weibchen und erreicht eine Länge bis 5,5 cm. Zur Nachzucht ist ein sehr weiches Wasser nötig. Das Zuchtpaar ist meistens recht laichwillig, und schon kurz nach dem Einsetzen ins Laichbecken beginnt das Männchen mit dem Imponieren und Treiben. Am liebsten laichen sie an feinfiedrigen Wasserpflanzen ab. Das Aquarium muß gut abgedeckt sein, denn sie sind gute Springer. Die Eier entwickeln sich kontinuierlich. Bei 20–24° C schlüpft die Brut nach 12–20 Tagen und schwimmt sofort frei. Die Aufzucht mit feinem lebenden „Staubfutter" ist einfach, und die Jungfische wachsen schnell. Diese gut akklimatisierte und beliebte Art ist recht produktiv.

Faden-Prachtkärpfling *Aphyosemion filamentosum*

In austrocknenden Wasseransammlungen im südwestlichen Teil von Nigeria lebt dieser bis 5,5 cm langwerdende Kärpfling. Beim Breitseitsimponieren sind die Männchen oft stundenlang unermüdlich. Beim Imponieren und Treiben bewegen sie sich sehr viel, und dank ihrer Farbenpracht bieten sie ein imposantes Bild.

Die Eier werden in der freien Natur in den Bodengrund eingebettet, die Eientwicklung ist diskontinuierlich mit Diapause. Im Aquarium kann man Fasertorf als Laichsubstrat verwenden. Den Torf legt man nach dem Abtropfen des Wassers in einen Kunststoffbeutel, und erst nach 20 Tagen gießt man das neue Wasser auf. Das Torfsubstrat mit den Eiern darf nicht ganz austrocknen, es muß schwach feucht bleiben. Aus 1,3 mm großen Eiern schlüpft innerhalb einiger Stunden die Brut aus. Die Zuchterfolge sind nicht immer gleich gut.

Nigeria-Prachtkärpfling *Aphyosemion gardneri*

Dieser Kärpfling bewohnt die Urwald- und Savannengewässer Nigerias und Westkameruns. Die Körperseiten des Männchens schimmern blau bis grünlich. Die Größe um 6 cm und die Ausfärbung sind bei jeder Population sehr unterschiedlich. Eine richtige Nachbestimmung der Aquariumstämme ist oft schwer. Eine sehr schöne und beliebte Naturpopulation bekam ihre Geschäftsbezeichnung

Aphyosemion filamentosum — Breitseitkampf der Männchen.

A. gardneri „Akure" nach dem afrikanischen Fundort Akure. Es handelt sich um intensiv gefärbte, robuste und energische Tiere, die streitsüchtig sind. Es passiert oft, daß bei zwei Männchen der Breitseitskampf aufgrund der Aggressivität in einen recht wilden Maulkampf ausartet. Die Paarung erfolgt an feinfiedrigen Wasserpflanzen oder am Bodengrund. Das Männchen preßt sich dicht an das Weibchen, schlägt die Rückenflossen über den Rücken des Weibchens, und die Afterflosse wird unter die Urogenitalgegend des Weibchens gelegt.

Bei einzelnen Populationen schwankt die Größe der Eier von 1,0–1,5 mm. Die Eientwicklung ist kontinuierlich. Bei 25° C schlüpft die Brut nach 12–25 Tagen, schwimmt sofort frei und ist recht gefräßig. Die Jungfische wachsen schnell. Wie Scheel festgestellt hat, gibt es bei Fischen von verschiedenen Fangorten eine unterschiedliche Anzahl von Chromosomen. Verwandtschaftliche Beziehungen sind deshalb nicht nur innerhalb der Art, sondern auch zu anderen Aphyosemion-Arten kompliziert und bis heute unklar.

Aphyosemion gardneri („Akure" — Lokalform) — Imponieren der Männchen (oben). Zwei Männchen beim Maulkampf (unten).

Blauer Prachtkärpfling *Aphyosemion sjoestedti*

Wasseransammlungen und verschiedene Tümpel in Südnigeria und Westkamerum sind die Heimat des Blauen Prachtkärpflings. Je nach Population bildet er verschiedene Farbformen mit roter bis blauer Grundfarbe. Vollerwachsene Männchen, die größer als Weibchen sind, erreichen eine Länge bis 12 cm. Das Zuchtpaar legt nach heftigem Treiben die Eier in den Bodengrund. Vielleicht ist ein feinkörniger Sandboden am geeignetsten. Oft laicht ein Männchen mit zwei oder sogar mehreren Weibchen nacheinander ab, eventuell wechselt im Laichverlauf die Partnerin.

Beim Laichakt krümmen die Fische den Körper S-förmig in typischer Weise und drücken sich in den Sandbodengrund mit der Urogenitalgegend ein. Eine Paarung wird mit einem heftigen Ruck beendet und dadurch das Ei oft ziemlich tief in den Sand eingebettet. Die Größe der Eier beträgt 1,3–1,5 mm, sie entwickeln sich diskontinuierlich, und die gesamte Eientwicklung dauert 3–9 Wochen. Nach 2–5 Tagen nach dem Schlupf schwimmen die Jungfische frei und fressen Lebendfutter entsprechender Größe recht willig. Das

Aphyosemion sjoestedti —
Am Ende der Paarung bettet das Paar die Eier in den Sandboden.

Aplocheilus panchax Männchen lockt das Weibchen.

Wachstum ist unregelmäßig. Wenn die Jungtiere nicht der Größe nach sortiert werden, verspeisen die schneller wachsenden Exemplare oft ihre kleineren bzw. schwächeren Geschwister. Die Nichtkarbonathärte bzw. Sulfathärte des Zuchtwassers darf bis 5° dNKH erreichen, aber die Alkalität muß möglichst niedrig sein (unter 0,5° dKH). Zum Schutz der Eier vor Verpilzung ist kleine Trypaflavinzugabe sehr empfehlenswert.

Gemeiner Hechtling *Aplocheilus panchax*

In den Gewässern Vorder- und Hinterindiens, Ceylons (Sri Lanka) sowie des Indomalaiischen Archipels ist dieser Hechtling beheimatet. Das Männchen wird bis 8 cm groß. In Thailand kommt eine Unterart vor, *A. p. siamensis,* die schön rot getupft ist. Die Nominatform sowie die erwähnte Unterart sind im Aquarium ziemlich unverträglich und streitsüchtig.

Aplocheilus panchax Paarung.

Vor dem eigentlichen Ablaichen nähert sich das Männchen oft stundenlang dem Weibchen und imponiert. Bei der Paarung drückt es sich fest an das Weibchen, beide Körper biegen sich S-förmig durch, und ein 1,6–1,8 mm großes starkklebendes Ei bleibt an dem Pflanzensubstrat fest haften. Die Eientwicklung ist kontinuierlich und dauert etwa 14–17 Tage bei einer Wassertemperatur von 24° C. Das Zuchtwasser darf mittelhart sein.

Streifenhechtling *Aplocheilus lineatus*

Bis 12 cm erreicht diese Art aus Vorderindien und Ceylon. Das Verhalten ist praktisch dem von *A. panchax* gleich. Den Streifenhechtling kann man nur mit größeren Fischen vergesellschaften, denn die erwachsenen Exemplare sind recht unverträglich, angriffslustig und gefräßig.

Aplocheilus lineatus Zwei Männchen beim Imponieren (oben).

Weibchen leitet das Männchen ins Laichsubstrat (Mitte). Paarung (unten).

Männchen sind oft untereinander im zu kleinen Aquarium aggressiv. Sie versuchen ab und zu sogar Reviere zu bilden, zu halten und zu verteidigen. Beim Imponieren und Treiben fallen sie sehr auf, denn ihre Augen sind groß und leuchten eindrucksvoll grün. Den Laichplatz bestimmt in der letzten Phase nach dem Leiten durch das Männchen doch das Weibchen. Jede Paarung wird mit einer ruckartigen Trennung der beiden Partner beendet. Die Eigröße, Entwicklungsdauer, Wassertemperatur und Wasserqualität stimmt mit den bei *A. panchax* genannten Werten überein bzw. sollte ihnen entsprechen.

Venezuelanischer Kärpfling *Austrofundulus transilis*

Aus dem Orinokoflußsystem in Venezuela stammt dieser Kärpfling. Die großen, robusten Männchen werden bis 7,5 cm lang. Untereinander sind sie recht aggressiv. Zur Haltung eignet sich ein schattiges Becken mit niedrigem Wasserstand, Schwimmpflanzen und genügend Versteckmöglichkeiten für Weibchen und kleinere Exemplare. Das Wasser sollte 20–22° C warm sein. Die Fische lieben als Nahrung Schwarze und Rote Mückenlarven.

Der Venezuelanische Kärpfling laicht selbst im Gesellschaftsbecken willig. Vor dem Laichen werden von den Männchen Scharmützel ausgetragen. Schwächere Exemplare nützen die Verstecke aus und laichen nicht ab. Die Eier werden in den Bodengrund abgelegt, am besten bietet man eine dickere Fasertorfschicht an. Weibchen sind oft laichwilliger als Männchen und imponieren am Boden in einer fast senkrechten Lage mit dem Kopf nach unten. Im Anfang des Ablaichens wählt das Paar lange den Laichplatz aus und schwimmt nahe dem Boden hin und her, dabei nimmt das Weibchen wiederholt die Imponierstellung ein. Laichversuche sind oft erfolglos.

Beim eigentlichen Laichakt richtet sich das Männchen seitlich der Partnerin auf deren Lage ein, drückt sich an das Weibchen, und beide Fische gehen in eine waagerechte Stellung über. Das Männchen schlägt die große Rückenflosse über den Rücken des Weibchens, dabei legt das Weibchen die Afterflosse unter den Bauch des Partners. Das Paar ist nun S-förmig durchgebogen und zittert offensichtlich. Die Paarung wird mit einem Schwanzflossenschlag des Männchens beendet. Der aufgewirbelte Torf (Sand ist kaum geeignet) bedeckt das Ei, und die Fische trennen sich. Die Entwicklung

Austrofundulus transilis kurz vor der Paarung.

der etwa 1,5 mm großen Eier ist diskontinuierlich und dauert im feucht gehaltenen Torfsubstrat im Kunststoffbeutel 5–6 Monate. Diese Art ist recht produktiv, denn ein Zuchtpaar kann während einer Woche bis über 500 Eier ablegen.

Ringelhechtling *Epiplatys annulatus*

Ein häufiger Vertreter in allen Wasseransammlungen von Guinea bis Nigeria ist der Ringelhechtling. Das Männchen erreicht eine Länge bis 4 cm. Weibchen bleiben kleiner. Fast jede Population hat eine unterschiedliche Färbung. In der Gefangenschaft gedeiht er am besten, wenn er im Artbecken, das ganz klein sein darf, allein gehalten wird. Sonst ist die Haltung nicht schwer, obwohl die Nachzucht bis jetzt noch nicht problemlos ist.

Einen schönen Anblick bieten balzende und imponierende Männchen. Das Paar legt die Eier an feinfiedrige Wasserpflanzen am liebsten in Bodennähe. Zunächst lockt das Männchen das Weibchen in

Epiplatys annulatus Laichakt.

ein Pflanzendickicht, dabei klemmt es die unpaaren Flossen zusammen. Das laichwillige Weibchen folgt dem Männchen und drückt die hintere Körperpartie an die Pflanzen. Das Männchen nützt diese Situation aus und schiebt sich neben die Partnerin. Dicht aneinandergedrückt zittern beide Fischlein kurz, und nach schwachem Ruck trennen sie sich. Pro Tag legt das Paar bis zu 10 Eier. Die kleine Brut schlüpft aus den glasklaren Eiern bei 25° C nach etwa 10 Tagen und muß zunächst mit Rädertierchen gefüttert werden. Während des ganzen Lebens ist diese Art gegen jeden Wasserwechsel empfindlich. Die besten Zuchterfolge wurden in sehr weichem Wasser erzielt. Ergebnisse und Erfahrungen einzelner Züchter waren jedoch stets unterschiedlich.

Kubakärpfling *Cubanichthys cubensis*

In den Gewässern Westkubas wird der Kärpfling bis 8 cm lang. Leider bleiben die Nachzuchttiere im Aquarium wesentlich kleiner. Ge-

Cubanichthys cubensis — Männchen leitet Weibchen zu den Wasserpflanzen.

schlechtsreif sind sie in der Größe von etwa 3 cm. Der Kubakärpfling benötigt eine Wassertemperatur von 22–25° C. Die Laichperiode dauert gewöhnlich mehrere Wochen.

Das sehr schön mit roten und grünglänzenden Tüpfeln gezierte Männchen imponiert sehr beharrlich dem Weibchen. Die Paarung erfolgt in dem Pflanzengewirr. Gut ernährte Weibchen tragen nach beendeter Paarung eine Eitraube, die an klebenden Fäden der Urogenitalpapille eine Zeitlang fest haften bleibt. Nach einigen Minuten bis Stunden streicht das Weibchen die Eier am Pflanzensubstrat ab. Ein junges oder unterernährtes Weibchen legt dagegen ein paar Eier einzeln ab, d. h. pro Laichakt ein Ei. Durchschnittlich sind die Eier 1,4 mm groß. Die Brut schlüpft nach 9–12 Tagen, und nach dem Freischwimmen frißt sie recht willig *Artemia*-Nauplien. Zur Haltung und Nachzucht kann man ohne Bedenken mittelhartes Wasser verwenden (z. B. um 10° dGH, 4° dKH, Chloridgehalt = 75 mg/l, pH-Wert = 7,6). Nur plötzliche Änderungen der chemischen Zusammensetzung des Wassers vertragen Jungfische und auch erwachsene Exemplare schlecht. Geschlechtsreife Tiere benötigen kräftiges Futter, z. B.

Nothobranchius guentheri — Das Männchen leitet das Weibchen zum Laichplatz (oben). Paarung am Sandboden (unten).

Schwarze und Rote Mückenlarven sowie kleine Anfluginsekten, wenn sie lange in guter Kondition bleiben sollen.

Schwarzflossiger Fächerfisch *Cynolebias nigripinnis*

Ein in Südamerika sehr verbreiteter Fisch, vor allem im Stromgebiet des La Plata und im Paraná oberhalb Rosario de Santa Fé in Argentinien, dessen Männchen größer als das Weibchen wird und eine Länge bis 4,5 cm erreicht. Zum Ablaichen setzt man immer mehrere (2–3) Weibchen mit einem Männchen ein.

Die breitseits imponierenden Männchen sind samtschwarz gefärbt und mit leuchtenden blaugrünen Tüpfeln bedeckt. Sobald ein laichwilliges Weibchen in der Nähe erscheint, lockt das Männchen und leitet es zum Bodensubstrat. Die Fische legen die Eier am liebsten in Fasertorf oder feinen Mulm am Boden. Sie entwickeln sich diskontinuierlich, z. B. im feuchten Torf 3–4 Monate. Im Wasser einer kleinen, gut abgedeckten Glasschale stagnieren die Eier in der Entwicklung, doch bleiben sie bis zu drei Jahren schlupffähig. Erwachsene Fische vertragen Temperaturschwankungen gut.

Blauer Prachtfundulus *Nothobranchius guentheri*

In austrocknenden mittelamerikanischen Gewässern lebt dieser Prachtfundulus, dessen Liebesspiele im Aquarium sehr lebendig sind. Die Männchen umflattern dauernd die Weibchen und balzen mit gespreizten Flossen. Oft imponieren die Männchen auch frontal, was leicht zu einem Maulkampf führen kann. Später stellt sich das Männchen über ein laichwilliges Weibchen, „reitet" und drückt es zum Bodengrund. Am Boden wählt das Weibchen den Laichplatz aus. Das Männchen legt sich seitlich an die Partnerin, schlingt die große Rückenflosse über ihren Rücken und drückt sie auf den Bodengrund nieder. Schulter an Schulter und S-förmig gekrümmt, verharren die Fische kurz, und nach einem Ruck trennen sie sich. Das Ei wird dabei mit Afterflosse und Analgegend ins Laichsubstrat eingedrückt und vom Männchen mit einem Schlag der Schwanzflosse durch Bodengrund bedeckt. Alle Paarungen erfolgen bei heftigem Treiben ziemlich schnell nacheinander. Die Eier entwickeln sich diskontinuierlich im feuchten Torf 3–5 Monate. Jungfische kann man direkt nach dem Freischwimmen mit Artemia-Nauplien füttern.

Rachows Prachtfundulus *Nothobranchius taeniopygus*

Zu dieser Art gehören mehrere Farbformen, von denen meistens „*Nothobranchius rachovi*" im Aquarium gehalten wird. Sie stammt aus mittelafrikanischen periodisch austrocknenden Gewässern und wird höchstens 5 cm groß. Die Männchen sind prächtig gefärbt. Das Verhalten ist mit dem der vorher genannten Art identisch. Nur die Eientwicklung dauert noch länger, nämlich 5–9 Monate. Die meisten Nothobranchius-Arten sind gegen Fischtuberkulose, Bauchwassersucht und Amyloodinium-Befall recht anfällig.

Goldgrüner Prachtfundulus *Nothobranchius korthausae*

Aus nicht austrocknenden Gewässern auf der Mafia-Insel an der Ostafrikaküste stammt diese bis 5 cm lang werdende Art. Das Laichverhalten ist mit dem des Blauen Prachtfundulus fast identisch. Die Partnerin läßt sich vom Männchen zum Laichplatz leiten. Bei dem eigentlichen Laichakt gibt es noch einen Unterschied: Männchen schlagen nicht nur die große Rückenflosse über den Rücken des Weibchens, sondern legen auch die fast gleichgroße Afterflosse unter die Unterbauchpartie des Weibchens. Die Eier sind durchschnittlich um 1,0 mm groß und entwickeln sich entweder kontinuierlich oder diskontinuierlich. Das Zuchtpaar wechselt oft das Laichsubstrat; es können Torf, Detritus, Sand, aber auch Glasboden und sogar Ecken im Aquarium sein. Im Wasser gehaltene Eier entwickeln sich kontinuierlich, bei 25° C dauert das etwa 18–25 Tage. Wenn die Eier im feuchten Torf gehalten werden, verläuft die Entwicklung diskontinuierlich und dauert 4–6 Wochen. Bei diskontinuierlicher Entwicklung sind die Jungfische offensichtlich kräftiger und lebensfähiger. Die Wasserhärte zwischen 1 und 15° dGH scheint ohne Bedeutung zu sein. Zucht und Aufzucht sind einfach.

Tüpfelhechtling *Pachypanchax playfairi*

Auf den Seychellen, Sansibar und Madagaskar sowie in vielen ostafrikanischen Orten ist der Tüpfelhechtling beheimatet. Das größere Männchen wird bis 10 cm lang. Dieser schöne Fisch ist recht räuberisch und angriffslustig. Es ist deshalb erstaunlich, daß manche Paare im Aquarium Daucherlaicher sind, sie fressen dann weder die Eier noch die geschlüpfte Brut. Solche Paare kann man mit Jungtieren verschiedener Größe zusammenhalten.

Nothobranchius korthausae — Das Männchen drückt das Weibchen in den Sandboden (oben). Paarung auf dem Sandboden (unten).

Der Laichakt findet im Pflanzendickicht oder an Wasserpflanzen statt. Bei der Paarung leitet das Männchen die Partnerin bis zu dem Laichsubstrat, den eigentlichen Laichplatz bestimmt aber das Weibchen. Die Fische heften die Eier an die Pflanzen. Sie entwickeln sich kontinuierlich, und die Brut schlüpft bei 24–25° C schon nach 12–14 Tagen, ab und zu etwas später. Jungfische wachsen außerordentlich langsam. Durch hormonale Veränderungen sehen die älteren vollerwachsenen Männchen in der Laichzeit wie an Bauchwassersucht erkrankte Fische aus, weil die Schuppen am Rücken abstehen und markant gesträubt sind.

Kuba-Bachling *Rivulus cylindraceus*

Der Kuba-Bachling stammt aus Gebirgsbächen auf Kuba und Florida, er wird etwa 5,5 cm lang. Im Aquarium ist er ein ausgezeichneter Springer, deshalb muß man für eine dichte Abdeckung sorgen. Im dicht bepflanzten Becken laicht die Art. Das Paar heftet die Eier an die Wasserpflanzen in verschiedenen Wasserschichten von der Oberfläche bis zum Bodengrund. Das Laichverhalten entspricht dem von allen anderen Haftlaichern. Die Brut schlüpft bei einer Wassertemperatur von 21–26° C nach 12–14 Tagen. Mit lebendem „Staubfutter" ist die Aufzucht problemlos. Der Kuba-Bachling ist ein fruchtbarer und widerstandsfähiger Aquarienfisch, der mit Unrecht in den letzten Jahren unbeachtet gelassen wird.

Guayana-Bachling *Rivulus holmiae*

Gewässer in Westguayana und Surinam bewohnt diese Art. Es handelt sich um einen relativ großen Vertreter der Gattung, denn er wird bis 10 cm lang. Die Fische fühlen sich im gut bepflanzten Becken mit vielen Versteckmöglichkeiten wohl. Das Laichverhalten ähnelt dem anderer Haftlaicher. Die Männchen balzen, imponieren und versuchen ständig, die Weibchen zum Ablaichen zu reizen. Wenn ein Weibchen positiv reagiert, leitet es das Männchen zum Laichsubstrat und drängt es von der Seite her zu den Pflanzenblättern. Bei der Paarung biegen sich beide Partner s-förmig. Nach gut sichtbarem Zittern trennen sie sich ruckartig voneinander, und ein großes Ei bleibt an den Pflanzen fest haften. Das vollerwachsene Zuchtpaar kann pro Tag bis 100 Eier ablegen, die an feinen Fäden herunter-

Pachypanchax playfairi — Laichplatzsuche und Laichplatzwahl (links oben). *Rivulus holmiae* — Männchen drückt das Weibchen seitlich in die Pflanzen (links unten). *Rivulus milesi* — Paarung oberhalb des Pflanzensubstrats (oben).

hängen. Die Brut schlüpft nach 10–14 Tagen und hält sich zunächst nahe der Wasseroberfläche auf. Mit lebendem „Staubfutter" ist die Aufzucht einfach.

Goldschwanz-Rivulus oder Feuerschwanz-Bachling
Rivulus milesi

Aus Kolumbien vom Rio Magdalena ist die Art bekannt. Das Laichverhalten des nur etwa 6 cm langen Fisches weicht nicht von dem der vorigen Art ab. Die Weibchen legen die Eier am liebsten an feinfiedrigen Wasserpflanzen nahe des Bodens ab. Eier haben durchschnittlich eine Größe von 1,9 mm. Die Brut schlüpft nach etwa 12 Tagen, und ihre Aufzucht ist problemlos.

Lebendgebärende Zahnkarpfen *Poeciliidae*

Diese ausschließlich kleineren Fische sind in Nord-, Mittel- und Südamerika sowie auf den anliegenden Inseln weit verbreitet. Das Lebensmilieu ist wegen des großen geographischen Raumes sehr unterschiedlich. Einige Arten bewohnen ausgesprochen klare Gewässer, andere sogar Brackwasser. Die meisten sind Schwarmfische. Aus den rund 20 bekannten Gattungen sind etwa 135 Arten bekannt. Die größten Vertreter erreichen höchstens eine Länge bis 20 cm. Männchen sind meistens kleiner als Weibchen. Lebendgebärende Zahnkarpfen zeichnen sich durch deutliche Geschlechtsunterschiede aus. Die Afterflosse des Männchens ist entweder ganz in ein Begattungsorgan umgewandelt, dann spricht man vom Gonopodium, oder es bildete sich nur der vordere Flossenteil um, dann spricht man vom Andropodium.

Eine Begattung mit dem Gonopodium reicht für mehrere Würfe (2 bis 6), mit dem Andropodium nur für einen Wurf. Die Zahl der Jungfische schwankt zwischen ein paar Stück bis mehrere Hundert pro Wurf, auch die Körperlänge der Frischgeborenen variiert stark. Die Brut wird vollkommen entwickelt geboren und ist sofort zu einem selbständigen Leben fähig.

Männchen der Lebendgebärenden Zahnkarpfen sind unermüdliche Liebespartner. Dauernd balzen und imponieren sie mit gespreizten oder geklemmten Flossen, je nach Art und Situation. Bei manchen Arten versuchen sie ständig zu kopulieren. Das Männchen schwimmt zum ausersehenen Weibchen seitlich von unten, wobei es das Gonopodium nach vorn richtet. Wenn die Gonopodiumspitze in die Urogenitalöffnung des Weibchens gelangt, bleiben beide Fische einige Sekunden still stehen. Dabei werden die Spermatophoren (Samenpakete) durch eine Rinne im Gonopodium in die Geschlechtsöffnung des Weibchens „geschossen". Bei einigen Arten ist die Gonopodiumspitze mit Häkchen versehen, und die Männchen können sich nur schwer vom Weibchen trennen. Zur Befruchtung der reifen Eier wird nur ein Teil der Spermien verbraucht, die restlichen bleiben im Leib des Weibchens in den Genitalwegen gespeichert und lange am Leben. Die Trächtigkeitsdauer ist von der Art und Temperatur abhängig und macht 4–6 Wochen aus.

Lebendgebärende Zahnkarpfen benötigen im Aquarium viel Pflanzennahrung, obwohl als Hauptnahrung immer das Fleischfutter reichlich angeboten werden muß. Bei vielen Arten jagen und fressen die Weibchen ihre Nachkommenschaft. Im solchen Falle muß man das Weibchen vor dem erwarteten Wurf rechtzeitig in ein Kleinaquarium mit Laichrost einsetzen oder, besser in einem „Gebärkästchen" isolieren. Aus diesem Kästchen fallen die frischgeborenen Jungfische durch eine schmale Bodenspalte und sind gerettet. Die Brut frißt von Anfang an (schon ein paar Stunden nach dem Wurf) jede Lebendnahrung entsprechender Größe (Rädertierchen, Cyclops- und Artemia-Nauplien, kleine Hüpferlinge und Wasserflöhe), aber auch MikroMin, zerriebenes TetraMin, TetraPhyll, gefriergetrocknete Daphnien usw. Die Jungfische wachsen relativ schnell.

Bei Hochzuchten oder genetischen Experimenten ist es nötig, möglichst bald die Jungfische nach Geschlecht zu sortieren und Männchen und Weibchen getrennt großzuziehen. Viele Arten sind in der freien Natur vor allem bei der Ausfärbung recht verschieden und neigen dazu, xanthorische, albinotische und andere Formen zu bilden. In der Natur leben solche auffallenden Mutanten nicht lange, im Aquarium dagegen werden sie sehr gewünscht, um damit eine neue Hochzuchtform heranzuziehen. So entstehen oft recht bunte oder sogar in der Form bizarre Pfleglinge.

Guppy oder Millionenfisch *Poecilia reticulata*

Einer der beliebtesten Aquarienfische ist der Guppy aus dem nördlichen Teil Südamerikas, Barbados und Trinidad. Das Weibchen ist stets größer als das Männchen und erreicht eine Länge bis 6 cm. Dank der Farb- und Flossenformunterschiede sind vor allem die Männchen, oft aber auch die Weibchen, unersetzliche Objekte für genetische sowie züchterische Experimente und Beobachtungen.

Im Aquarium können die polygamen Männchen sehr lästig werden. Manchmal jagt ein Schwarm Männchen stundenlang ein Weibchen durchs Aquarium so lange hin und her, bis einem Männchen die Begattung gelingt. Es stellt sich seitlich von unten zur Partnerin und richtet das Gonopodium nach vorn, mehrmals streicht es an der Körperseite des Weibchens vor und zurück, danach macht es plötzlich einen „Sprung" nach vorn, so daß es die Spitze des Gonopodiums in die Urogenitalöffnung des Weibchens einführen kann. Die Kopulation dauert beim Guppy nicht lange, ein paar Sekunden, und eine Besamung reicht für mehrere Würfe aus. Die Trächtigkeits-

Poecilia reticulata — Gebärendes Weibchen (oben).
Mutter mit dem Jungtier (unten).

Poecilia reticulata — zwei siamesische Zwillingsmännchen.

dauer ist von der Wassertemperatur abhängig, und bei 22–25° C währt sie durchschnittlich 30 Tage. Das trächtige Weibchen erkennt man leicht am dunklen „Trächtigkeitsfleck" vor der Afterflosse. Ein Wurf erstreckt sich auf 2–3 Stunden, sein Verlauf ist von der Temperatur, Beschaffenheit des Wassers und vom Lebensmilieu, vor allem auch von der Fischgesellschaft, in der sich das trächtige Weibchen befindet, abhängig. Der Mutterinstinkt kann die Nachkommenschaft schützen und den Wurf bis um mehrere Stunden verzögern. Bei der Geburt verläßt das Jungtier den Mutterleib zusammengerollt, aber schon im nächsten Moment streckt es sich und schwimmt frei, obwohl zunächst oft schräg, sprunghaft und nicht geschickt. Von einem Wurf gibt es oft mehr als 200 Jungfische.

Nicht nur bei Guppys, sondern auch bei anderen Lebendgebärenden Zahnkarpfen kommen ab und zu sogenannte „Siamesische Zwillinge" auf die Welt, d. h. zwei zusammengewachsene Geschwister. Die meisten sind lebensunfähig und sterben schon kurz nach der Geburt, spätestens ein paar Tage später. Allerdings ist manchmal ein stärkeres Tier lebensfähig, es übernimmt die „Initiative" und beginnt zu fressen und zu wachsen. Das kleinere Tier wird von dem stärkeren ernährt, wächst aber schlecht oder überhaupt nicht und bleibt an dem oft vollkommen entwickelten Bruder oder an der Schwester als ein häufig unbewegliches Anhängsel angewachsen.

Hechtkärpfling *Belonesox belizanus*

Er stammt aus dem östlichen Teil Mittelamerikas. Das Weibchen ist mit einer Länge von 20 cm der größte Lebendgebärende Zahnkarpfen, der im Aquarium gehalten wurde. Die Kopulation ist im Grunde der beim Guppy ähnlich. Bei der Vorbereitung imponieren die Männchen dem Weibchen stark, krümmen eigenartig, krampfhaft und bogenförmig den Körper, dabei nähern sie sich dem Weibchen von unten mit dem nach vorn gerichteten Gonopodium. Vollerwachsene, guternährte Weibchen werfen während eines Wurfes bis zu 100 Jungfische, die bis 3 cm lang sein können. Sie sind sofort sehr gefräßig und nehmen lebende Nahrung in der Größe der Enchyträen, Daphnien usw. an. Die Zuchttemperatur sollte zwischen 25 und 30° C liegen. Am besten bietet man den Hechtkärpflingen ein Artbecken, denn im Gesellschaftsaquarium können sie früher oder später anderen Einwohnern gefährlich werden. Sie verschlingen leicht einen Fisch bis zur Größe eines ausgewachsenen Platy-Weibchens.

Belonesox belizanus — Paar vor der Kopulation.

Ährenfische *Atherinidae*

Zu dieser Familie gehören Fische, die mit Barschartigen verwandt sind. Die meisten Vertreter sind Meeresbewohner, die nahe der Wasseroberfläche an der Meeresküste entlang, aber auch in Flußmündungen der Tropen und Subtropen leben. Am Rücken tragen sie zwei gut voneinander getrennte Rückenflossen. Die Eihülle ist gewöhnlich mit fadenförmigen Ausläufern versehen, mit denen sich die Eier an das Laichsubstrat festheften. Nur wenige Arten sind typische sekundäre Süßwasserfische, sie sind dann aber manchmal prächtig gefärbt, so daß sie beliebte Aquarienpfleglinge wurden. In letzter Zeit sind einige Süßwasserarten in die selbständige Unterfamilie Melanotaeniinae eingereiht worden. Die Systematik bzw. Taxonomie dieser Gruppe ist sehr unübersichtlich, kompliziert und unklar.

Rotgeschwänzter Ährenfisch *Bedotia geayi*

Dieser Fisch bewohnt die Süßgewässer Madagaskars, dort wird er bis 15 cm lang, im Aquarium bleibt er mit etwa 7–8 cm meist kleiner. Das Balzspiel fängt das Männchen an. Es jagt die Partnerin durch das Aquarium hin und her, und ab und zu „reitet" es auf dem Weibchen auf ähnliche Weise, wie z. B. das Männchen der Keilfleckbarbe. Es spreizt die Flossen, schwimmt dauernd um die Partnerin herum und lockt sie zum Laichsubstrat. Das Führungsschwimmen des Männchens wird immer eindringlicher, es wendet sich schneller und schneller zur Partnerin, bis sie endlich folgt. Am liebsten laichen die Fische über feinfiedrigen Wasserpflanzen, aber auch steile Steine werden manchmal in der Not angenommen.

Nach dem Laichakt bleiben die Eier entweder an ziemlich langen Fäden als kleine Traube an der Urogenitalpapille des Weibchens hängen oder sie wirbeln im Wasser und sinken in das Pflanzendikkicht. Dort heften sie sich fest an und „hüpfen" an einem etwa 3–4 mm langen Faden. Die etwa 1,5 mm großen Eier sind mit dicker, fester Eihülle versehen. Das Zuchtpaar kümmert sich nicht um sie. Der Rotgeschwänzte Ährenfisch ist ein Dauerlaicher, er kann pro Paar und Tag bis zu 60 Eier ablegen. Die Brut schlüpft bei 26° C nach 6–7 Tagen und schwimmt bald darauf frei. Die großen Jungfische können vom ersten Augenblick an frischgeschlüpfte Artemia-Nauplien überwältigen. Das erleichtert die Aufzucht wesentlich.

Das Zuchtwasser sollte härter sein, d. h. mindestens um 10° dGH, Alkalität über 2° dKH, pH-Wert oberhalb des Neutralpunktes (mindestens pH = 7,2). Bei zu niedriger Alkalität und damit auch niedrigem pH-Wert (unter 7,0) entwickeln sich die Eier und Embryonen unregelmäßig, sie erleiden Schaden, verpilzen oft und gehen ein.

Lachsroter oder Kammschuppen-Regenbogenfisch
Glossolepis incisus

Zum ersten Mal wurde dieser Fisch von A. Werner und Frech aus dem Sentani-See in Neuguinea nach Europa im Jahre 1973 eingeführt. Er wird 12–15 cm lang, vielleicht auch größer. Das Männchen ist größer als das Weibchen. Halbwüchsige Tiere sind ziemlich unscheinbar gefärbt, d. h. grau bis grün, später messingfarben, Männchen strahlen beim Imponieren rötlich. Geschlechtsreif sind sie relativ schnell, bei guter Fütterung schon im Alter von 6–7 Monaten. In dieser Zeit sind die Männchen etwa 10 cm lang und leuchtendrot ge-

Bedotia geayi — Laichakt an den Wasserpflanzen (links). Kurz nach der Paarung über einem Stein; Eitraube an dem Faden hängt von der Urogenitalpapille des Weibchens herab (unten).

färbt mit goldenem Rücken. Leider entwickelt sich die hochrückige Form der Männchen ziemlich spät, erst im Alter von 2–3 Jahren. Der Kopf des Männchens sieht dann sehr klein und schmal aus, wie von oben und unten zusammengedrückt.

Der Lachsrote Regenbogenfisch lebt in Gefangenschaft gern im Schwarm und bevorzugt ein gut gefiltertes mittelhartes Wasser, das leicht alkalisch reagiert (pH-Wert um 7,2 bis 7,5). Ein Männchen ist ständig das Leittier, es ist prächtig rot, die restlichen untergeordneten Männchen sind immer schwächer gefärbt. Bei guter Fütterung und einer Wassertemperatur um 25° C laichen diese echten Dauerlaicher fast jeden Tag ab. Ein Weibchen legt nur wenige Eier, etwa 50–70 Stück. Das führende Männchen laicht mit einem, nicht oft mit zwei oder sogar drei Weibchen. Untergeordnete Männchen laichen nur selten, solange man das Leittier nicht herausnimmt.

Ein Laichakt findet meistens in der Nähe des Wasserpflanzendikkichts statt. Ab und zu beobachtet man die Paarung auch in der Ecke des Aquariums oder sogar im freien Wasser. Die 1 mm kleinen Eier schweben im Wasser und sehen wie eine Wolke aus, die sich langsam ausdehnt. Sie tragen auf einem Pol 8–16 lange Fäden und wirken deshalb wie Fallschirmspringer. Durch die Wasserströmung sinken sie aber nicht direkt zum Bodengrund hinunter, sondern schaukeln durch das Becken, oft steigen sie bis zur Wasseroberfläche und „hüpfen" dann auf und nieder. Sobald sie in die Nähe der feinfiederigen Wasserpflanzen kommen, sind sie verschwunden. Mit bloßen Augen sehen wir sie nicht mehr. Das „Wunder" ist darauf zurückzuführen, daß sich die Eihüllenfortsätze (Fäden) bei Berührung mit irgendeinem Substrat schnell an dieses heranziehen und das Ei mit „zuziehen". Darin liegt das Geheimnis, warum die Eier „verschwunden" sind.

Die Eltern sind „wilde" Laichräuber. Bei einer angestrebten rentablen Nachzucht läßt man die Fische am besten etwa eine Woche lang in Javamoos-Büschel ablaichen und nimmt erst dann das Pflanzensubstrat mit den Eiern heraus. Die durchschnittliche Eigröße beträgt 1 mm. Bei einer Wassertemperatur von 25° C entwickeln sich die Embryonen in der Eihülle 140 Stunden. Frischgeschlüpfte Eleutherembryonen messen 4,5 mm. Obwohl sie noch einen ausreichenden Dottersackvorrat mit Öltropfen haben, beginnen sie schon etwa 6 Stunden danach, d. h. im Alter von 146 Stunden, frei zu schwimmen. Sie sind in dieser Zeit nur ein wenig größer als beim Schlupf, d. h.

durchschnittlich 4,7 mm lang. Als Zuchtwasser sollte abgestandenes Wasser mit mindestens 10° dGH, einer Alkalität von etwa 2° dKH oder mehr und einem pH-Wert zwischen 7,2 und 7,5 verwendet werden.

Jungfische fressen nur scheinbar jedes Lebendfutter in entsprechender Größe. Sie nehmen z. B. sehr gierig die kleinen nicht zu beweglichen Infusorien ins Maul, spucken sie aber sofort wieder aus. Ohne Nahrung können sie bis zu einer Woche leben und werden trotzdem länger, d. h. sie wachsen. Wie ist das möglich? Sie verbrauchen mehrere Tage lang die Energie vom Nährdotter mit dem Öltropfen (wie es auch viele Barsche tun) aus dem Dottersackvorrat, dann gehen sie plötzlich ein. Leider verweigern sie zerriebenes Trockenfutter, Brühe aus hartgekochtem Eigelb, feine Cyclops und Artemia-Nauplien. Nur die recht kleinen Rädertierchen, z. B. der Gattungen *Keratella, Brachionus, Filinia, Polyarthra* und vielleicht auch andere, werden angenommen. Die damit gefütterten Fischchen können schon im Alter von 10–15 Tagen *Artemia*-Nauplien überwältigen. Danach ist die weitere Aufzucht ziemlich leicht, obwohl die Tierchen im ersten Lebensmonat sehr langsam wachsen.

In weichem oder sogar zu saurem Wasser treten bei plötzlichem Wasserwechsel ab und zu Flossen- und Maulverpilzungen sowie bakterielle Flossenfäule auf. Nach kleiner Zugabe von Meersalz sind die Fische in 24–48 Stunden stets wieder gesund.

Nanderbarsche *Nandidae*

Bei diesen Süßwasserfischen der tropischen und subtropischen Gewässer Asiens, Afrikas und Südamerikas sind bis jetzt sechs Gattungen bekannt, die sich durch eine lange Rückenflosse und ein tiefgespaltenes Maul, das trichterförmig ausstülpbar ist, auszeichnen. Sie sind alle gefräßige Räuber, die nicht für ein Gesellschaftsbecken geeignet sind. Im stark beleuchteten und wenig bepflanzten Becken bleiben sie scheu und blaß. Sie laichen an Wasserpflanzenblättern, in einer Höhle oder bauen ein Schaumnest. Die Brutpflege übernimmt meist das Männchen. Jungfische wachsen sehr ungleichmäßig, und wenn sie nicht ständig nach der Größe sortiert werden, fressen die größeren Exemplare ihre kleineren Geschwister auf.

Glossolepis incisus — Männchen und Weibchen Seite an Seite (links). Paarung (oben).

Südamerikanischer Vielstachler *Polycentrus schomburgki*

Aus den Gewässern des nördlichen Teils Südamerikas und Trinidads stammt diese auffallend gefärbte und bis 10 cm lang werdende Art. Das Weibchen ist mattbraun, das Männchen samtschwarz mit silberblauen bis türkisgrünen Flecken und Tüpfeln. Ein Zuchtpaar legt die Eier meistens an die Unterseite der breiten Wasserpflanzenblätter. Die Fische umschwimmen sich zunächst mit gespreizten Flossen, dabei sucht das Männchen nach einer geeigneten Laichstelle. Wenn sie gefunden ist, wird das Pflanzensubstrat mit den Lippen gründlich abgeputzt. Dann wird das Weibchen vom Männchen stets stärker bedrängt und in die Bauchseite gestupst. Die Legeröhre des Weibchens tritt stark hervor, und bald folgt es dem Partner unter das Blatt. Das Männchen balzt mit gespreizten Flossen und wedelt mit dem ganzen Körper vor der Partnerin. Sie dreht sich endlich mit dem Bauch nach oben zur Blattunterseite und streicht ein paar Mal über das Substrat ohne Laichabgabe. Aber auf einmal sind

Polycentrus schomburgki — Die Legeröhre des Weibchens ist breit und stumpf (oben). Während der Laichabgabe durch das Weibchen beobachtet und verteidigt das Männchen das Nistrevier (unten).

Polycentrus schomburgki — Männchen bei der Pflege des Eigeleges nach dem Ablaichen.

die ersten Eier da, und das Eigelege nimmt schnell zu. Während des Ablaichens ist das Weibchen sehr hell gefärbt. Männchen und Weibchen wechseln sich am Eigelege regelmäßig ab, die Eier werden tüchtig befruchtet. Es werden oft insgesamt bis zu 600 Eier abgelegt, die an ganz kurzen Fäden hängen.

Nach dem Ablaichen befächelt das Männchen das Eigelege. Die Eier werden langsam dunkler und dunkler, und nach etwa drei Tagen schlüpfen die Eleutherembryonen aus. Sie bleiben weiterhin unter dem Pflanzenblatt hängen. Nach weiteren etwa vier Tagen beginnen die Protopterygiolarven, frei zu schwimmen. Die Brut ist sehr gefräßig und mit Lebendfutter jeder Art leicht aufziehbar.

Buntbarsche *Cichlidae*

Eine große Gruppe Süßwasserfische sind die Cichliden aus Süd- und Mittelamerika, Afrika, Vorderindien und Ceylon (Sri Lanka). Die Körperform ist hoch, seitlich zusammengedrückt, selten langgezogen. Männchen vieler Arten besitzen ein Stirnfettpolster (Buckelkopf). Buntbarsche bewohnen die Uferregionen langsamfließender und stehender Gewässer und betreiben intensiv Brutpflege. Sie laichen an Pflanzen, Steinen, auf Sandboden oder sind Höhlenbrüter bzw. Maulbrüter.

Süd- und mittelamerikanische Buntbarsche

Tüpfelbuntbarsch *Aequidens curviceps*

Dieser Buntbarsch erreicht im Stromgebiet des Amazonas und im Aquarium eine Länge von höchstens 8 cm und gehört zu den sogenannten lithophilen Cichliden, denn die Eier werden auf flachen Steinen abgelegt. Das Weibchen putzt abwechselnd mit dem Männchen das Laichsubstrat sorgfältig sauber. Dann legt es mit der breiten zylindrischen Legeröhre die Eier auf den geputzten Stein ab, während das Männchen das Laichrevier verteidigt. In kurzen Zeitabständen wechseln sich beide Partner beim Laichakt ab, denn die frischgelegten Eier müssen rechtzeitig befruchtet werden.

Um das Gelege und die geschlüpfte Brut sorgen sich beide Eltern gemeinsam. Nach dem Ausschlüpfen der Jungen tragen sie sie in die im Sandboden vorher ausgewühlten Gruben. Bei einer Wassertemperatur um 26° C und Anfütterung der frei schwimmenden Fischchen mit feinem Lebendfutter ist die Aufzucht einfach.

Delphinbuntbarsch oder Itany-Buntbarsch *Aequidens itanyi*

Aus tiefen, ruhigen Stellen des Itany-Flußunterlaufes in Guayana stammt dieser in der Natur etwa 14 cm erreichende Buntbarsch. Auf den ersten Blick zieht er die Aufmerksamkeit auf sich, denn die pastellfarbene Ausfärbung und die goldgrünen Augen ändern sich dauernd in der Intensität je nach Verhalten und Stimmung der Fische.

Ein laichwilliges Paar sucht im ganzen Aquarium nach einem geeigneten Laichplatz – nach einem flachen Stein. Ist er gefunden, wird er unablässig geputzt. Mal putzt das Weibchen, mal das Männchen, oder beide Tiere putzen sogar gemeinsam. Bei beiden Fischen treten Legeröhre und Urogenitalpapille hervor; die Legeröhre des Weibchens ist walzenförmig und bis zum Ende fast gleich breit, die

Aequidens curviceps — Das Weibchen putzt den Stein (oben) und bei der Eiablage (unten).

Aequidens itanyi — Weibchen bei Eiablage (oben).
Männchen befruchtet die Eier (unten).

Aequidens itanyi — Weibchen bei Eigelegepflege.

Urogenitalpapille des Männchens dagegen zum Ende deutlich kegelförmig (konisch).

Nach dem ausgiebigen Putzen streicht das Weibchen mit der Legeröhre über die geputzte Steinstelle. Alle ins Revier eingeschwommenen Fische werden nun recht energisch, hauptsächlich vom Männchen, hinausgejagt. Das Weibchen beginnt endlich, die Eier zunächst in Schnüren auf den Stein zu heften. Im Anschluß daran streicht das Männchen mit der Urogenitalpapille über die Eier und befruchtet sie. Die Eimenge nimmt stark zu, und das Gelege wird bald ganz kompakt. Eine Weile legt das Weibchen weiterhin Eier, und dann wird es vom Männchen abgelöst, damit die Eier befruchtet werden. Das ganze Ablaichen dauert bis mehrere Stunden. Ein Gelege enthält 400 und mehr weißliche Eier. Die Brut schlüpft bei ständiger Brutpflege der beiden Elterntiere nach 42–56 Stunden, die Wassertemperatur sollte um 27° C gehalten werden. Nach dem Freischwimmen ist die Aufzucht mit lebendem „Staubfutter" entsprechender Größe problemlos.

Aequidens maronii — Weibchen legt die Eier.

Maroni-Buntbarsch *Aequidens maronii*

In Guayana ist dieser bis zu 10 cm lang werdende Buntbarsch zu Hause. Im Aquarium ist er außerhalb der Laichzeit friedlich und eignet sich sogar für ein Gesellschaftsbecken. Die Pflanzen beschädigt oder vernichtet er nicht. Vom Weibchen werden die Eier an flache Steine, Zweige, Holzstücke usw. gelegt. Das Männchen kann sehr lange mit den Jungfischen zusammen gehalten werden. Es treibt oft länger als ein halbes Jahr Brutpflege. Das Laichverhalten weicht von dem des Delphinbuntbarsches nicht ab. Die Aufzucht der Jungfische mit lebendem „Staubfutter" ist nicht schwer.

Blaupunkt-Buntbarsch *Aequidens pulcher*

Häufig ist der Blaupunkt-Buntbarsch in Gewässern Panamas und Kolumbiens vertreten; dort wird er bis 20 cm lang. Er benötigt größere Becken mit mittelhartem Wasser, das gut gefiltert und oft erneuert wird. Im alten oder sogar trüben Wasser kränkelt dieser Fisch und wird von verschiedenen Krankheiten befallen, vor allem von der Bauchwassersucht. Ein Zuchtpaar laicht mehrmals im Jahre ab.

Wie bei allen Cichliden finden vor dem Ablaichen verschiedene Liebesspiele und Scharmützel zwischen den Partnern statt. Die Aggressivität äußert sich mit Breitseitsimponieren und durch Maulkämpfe. Bald aber beruhigt sich das Zuchtpaar, und das Weibchen reinigt mit dem Maul einen flachen Stein, an dem es zunächst die Eier in sternförmig geordneten Reihen ablegt, bis der ganze Stein mit einer Schicht Eier einheitlich bedeckt ist. Vom Männchen werden im Wechsel mit der Partnerin die immer neugelegten Eireihen befruchtet. Nach dem Ablaichen befächelt das Weibchen das Gelege nicht nur mit den Brustflossen, sondern versorgt es auch durch Wedeln des ganzen Körpers dauernd mit gutem Frischwasser.

Nach dem Schlupf und Freischwimmen halten sich die Eltern im dichten Schwarm der Jungfische auf. Ist das Aquarium nicht groß genug oder hat das Zuchtpaar nicht genügend Ruhe, ist es günstig, nach ein paar Tagen die Eltern herauszunehmen. Die Brut wächst schnell. Vollerwachsene Tiere legen bis zu über 1 000 Eier pro Gelege. Die Jungen werden bei guter Fütterung im Alter von etwa einem Jahr in der Größe von 8–10 cm geschlechtsreif.

Zwergbuntbarsch *Apistogramma agassizi*

Nicht viel größer als 10 cm werdende Buntbarsche gehören zur Gruppe der sogenannten Zwergcichliden. Auch der Zwergbuntbarsch zählt dazu. Er bewohnt nicht nur den Amazonashauptstrom, sondern auch die vielen Zuflüsse und ist nach Süden bis nach Bolivien verbreitet. Gefangen wurde er ebenfalls in den Flüssen Paraná und Paraguay. Bei der großen geographischen Verbreitung hat die Art eine sehr unterschiedliche Ausfärbung entwickelt, es wurde jeweils eine blauweiße, gelbe, sogar rote Population eingeführt! Die Art wird 7–8 cm lang, das Männchen ist größer als das Weibchen.

Um diesen Fisch zur Nachzucht zu bringen, muß man seine hohen Ansprüche an die Wasserqualität und Aquarieneinrichtung erfüllen.

Aequidens pulcher — Weibchen spuckt Sand und reinigt den Laichplatz (oben).

Weibchen legt Eier (Mitte). Weibchen mit Jungtierschwarm (unten).

Apistogramma agassizi — Männchen verteidigt äußeres Revier.

Am besten gedeiht er im weichen, gut gefilterten, stets kristallklaren Wasser und bei vielen Versteckmöglichkeiten. In der freien Natur übernimmt bei vielen Apistogramma-Arten nach dem Ablaichen das Weibchen die Brutpflege, während das Männchen das äußere Revier verteidigt. Solch ein Revier bilden oft mehrere „Nester", weil ein Männchen häufig mit mehreren Weibchen in kurzen Zeitabständen nacheinander ablaicht. Der Zwergbuntbarsch laicht als typischer Höhlenbrüter sehr gern in einer Kokosnußschale oder an einer schräggestellten Schiefersteinplatte ab.

Die Brut schlüpft bei 26–30° C nach 2–4 Tagen und wird sofort vom Weibchen in eine Sandgrube oder Steinspalte getragen. Nach dem Freischwimmen (5–6 Tage) hält sich das Weibchen in der Mitte des Schwarmes der Jungtiere auf und bleibt mit ihnen im ständigen Kontakt durch spezielle Bewegungssignale. Es ist günstig, in den ersten Lebenstagen die Brut mit feinstem lebenden „Staubfutter" (z. B. mit Rädertierchen) anzufüttern, später kann man zu Cyclops- und Artemia-Nauplien übergehen. Die Fischchen wachsen schnell, und nach 2–4 Wochen sind sie vom Weibchen unabhängig und können selbständig aufgezogen werden.

Apistogramma borellii — Zwei Männchen beim Breitseitsdrohen (oben).

Zwei Männchen am Anfang des Maulkampfes (Mitte). Maulfesthalten (unten).

Apistogramma borellii — Maulkampf (oben).

Männchen imponiert dem Weibchen (Mitte). Paar bei Eigelegepflege (unten).

Borellis Zwergbuntbarsch *Apistogramma borellii*

Dieser Fisch ist im nördlichen Teil Südamerikas sehr verbreitet; das Männchen wird bis zu 7,5 cm lang, Weibchen erreichen nur etwa die Hälfte dieser Größe. Die Ausfärbung ist recht verschieden. Eigentlich gibt es zwei Formen – graue und blaue. Das ganze Leben ist dieser Fisch wärmebedürftig, Wasserhärte ist dagegen nicht so bedeutungsvoll. Er verträgt gut ein mittelhartes Wasser von 10–15° dGH. Das Zuchtpaar laicht in einer Kokosnußschale, einem breiten Vinidurrohr, aber auch an einer Schiefersteinplatte und in einer Steingrotte ab.

In der Laichzeit wird die Werbung durch steigende Aggressivität der Männchen gekennzeichnet. Sie schwimmen umeinander mit gespreizten Flossen beim Breitseitsimponieren herum und versuchen, sich mit Schwanzschlägen zu vertreiben. Später neigen sie zum Maulkampf, die Rivalen stehen sich dann frontal gegenüber. Sie beißen sich mit den Kiefern ineinander fest und reißen so kräftig nach allen Seiten, bis der Sand „hochfliegt". Sobald ein Männchen sich durchgesetzt hat, ziehen sich die schwächeren Rivalen zurück, und alle Aufmerksamkeit des dominanten Männchens gilt dem ausgewählten Weibchen, das energisch zum Ablaichen gezwungen wird.

Endlich hat das Weibchen genug reife Eier und fängt an, sie abzulegen. Die Eizahl auf dem Laichsubstrat wächst, aber das Männchen ist nun oft faul und befruchtet die Eier erst in großen Zeitabständen. Nach dem Ablaichen übernimmt das kleine Weibchen die Initiative, jagt den großen Partner weg und treibt Brutpflege. Die Brut schlüpft bei 26° C nach 2–4 Tagen und nach weiteren 5–6 Tagen schwimmt sie frei. Jungfische muß man zunächst mit feinstem „Staubfutter", am besten mit Rädertierchen, anfüttern. Das Weibchen hält sich in der Mitte des Schwarmes der Jungtiere zwei bis vier Wochen lang. Dann ist die Nachkommenschaft schon unabhängig.

Reitzigs Zwergbuntbarsch *Apistogramma reitzigi*

Aus dem mittleren Teil des Flusses Paraguay stammt diese 5–8 cm groß werdende Art. Wenn sich die Fische wohl fühlen, wird an ihren Körperseiten ein bläulicher Schimmer sichtbar. Die Männchen spreizen oft die Flossen beim Imponieren, sie verletzen sich aber nie gefährlich. Zur Nachzucht ist ein mittelhartes oder besser ein weicheres Wasser mit einem pH-Wert über 7,0 geeignet. Die Temperatur sollte um 26° C betragen. Das Weibchen legt große, ovale ziegelrote Eier. Der Mutterinstinkt ist bei diesen Cichliden stark entwickelt. Das Weibchen widmet sich nicht nur eigenen Jungfischen vorbildlich, sondern übernimmt oft auch sogar die Pflege einer fremden Brut, die es allein aussucht oder wenn sie zugegeben wird. Das Männchen muß nach dem Ablaichen herausgefangen werden.

Das Gelege enthält gewöhnlich nur 50–70 Eier. Bei 26° C schlüpft die Brut nach etwa 40–48 Stunden und wird vom Weibchen in eine Sandgrube getragen. Nach weiteren 5–7 Tagen schwimmen die Jungfische frei. Die Aufzucht mit lebendem „Staubfutter" ist nicht schwer.

Flaggenbuntbarsch *Cichlasoma festivum*

Ein häufiger Bewohner der Gewässer Westguayanas und des Amazonasstroms ist der Flaggenbuntbarsch. Er wird bis 15 cm lang. Im Aquarium ist dieser Fisch außerhalb der Laichzeit ein relativ ruhiger Geselle. Vor dem Ablaichen ändert sich sein Verhalten stark, und er bringt „Ordnung" in sein Reich. Was nicht fest steht, bleibt nicht mehr an seinem Ort. Das eigentliche Ablaichen verläuft wieder ruhig. Das Zuchtpaar putzt gründlich ein breites Pflanzenblatt, Holzstück oder einen flachen Stein. Dort werden die Eier von unten nach oben abgelegt. Sobald das Weibchen am oberen Rand des Geleges angelangt ist, beginnt das Männchen von unten mit der Befruchtung der Eier. Ab und zu geben beide Partner ihre Geschlechtsprodukte einträchtig nebeneinander ab.

Für das Gelege und die Brut sorgt das Zuchtpaar von Anfang an musterhaft. Die Zuchttemperatur soll relativ hoch (27–28° C) und das Wasser muß weich sein, höchstens 7° dNKH bei einer Alkalität unter 1° dKH. Sonst können die Jungfische die Schwimmblase nicht auffüllen. Zunächst muß man die frei schwimmenden Fischlein mit feinstem „Staubfutter" (z. B. Rädertierchen) einige Tage füttern (5–7 Tage), und erst dann kann man zu *Cyclops*- und Artemia-Nauplien übergehen. Jungtiere vertragen schon kurz nach dem Freischwimmen wie erwachsene Fische gut mittelhartes Wasser.

Feuermaulbuntbarsch oder Feuerbuntbarsch *Cichlasoma meeki*

Bis 15 cm lang wird der bekannte Feuermaulbuntbarsch aus Guatemala und Yukatan-Gewässern. Die Männchen imponieren oft frontal

Apistogramma reitzigi — Das Paar vor dem Eigelege.

mit gehobenen Kiemendeckeln und angespreizter roter Kiemendeckelmembrane, so daß eine sehr eindrucksvolle Warnmaske entsteht. Rote Kehle, grünglänzende Augen und dunkle Augenflecke seitlich außen auf den Kiemendeckeln vergrößern den Kopfumfang mehrfach und wirken recht gespenstisch.

Vom Laichplatz (umgekippter Blumentopf, Steinhöhle) jagt das Zuchtpaar jeden Eindringling sehr energisch weg. Oft reinigen und prüfen die Eltern das Laichsubstrat viele Stunden. Die Brutpflege treiben beide Partner von Anfang an gemeinsam. Das Weibchen sorgt vor allem für die Eier, das Männchen bewacht die weitere Umgebung. Wenn kein Schlupfwinkel zur Verfügung steht, nimmt ein laichwilliges Paar auch mit einem flachen Stein vorlieb.

Weißliche Eier im Gelege sind unbefruchtet und verpilzt. Sie stellen eine Gefahr dar für die sich entwickelnden Eier, denn eine Pilzinfektion kann sich leicht auf gesunde Gelegeteile übertragen. Nach dem Freischwimmen halten sich beide Eltern gemeinsam oder abwechselnd im Schwarm ihrer Nachkommenschaft auf. Die Zuchttemperatur soll zwischen 24 und 26° C gehalten werden. Das Wasser kann mittelhart sein. Die Aufzucht mit Lebendnahrung ist einfach.

Cichlasoma festivum —
Das Zuchtpaar gibt die Geschlechtsprodukte nebeneinander ab (oben).
Cichlasoma meeki — Das Zuchtpaar führt die Brut (unten).

Cichlasoma nigrofasciatum — Beide Elterntiere greifen den Zeigefinger an.

Grünflossenbuntbarsch *Cichlasoma nigrofasciatum*

Aus den Seen Atitlan und Amatitlan in Guatemala stammt dieser bis 8 cm lang werdende Buntbarsch. Das Laichverhalten ähnelt dem des Feuermaulbuntbarsches. Der Grünflossenbuntbarsch gehört zu den Offenbrütern. Falls es ihm aber möglich ist, laicht er lieber in Höhlen. Die Brutpflege betreiben die Eltern gemeinsam. Sie sorgen sehr sorgfältig von Anfang an für das Eigelege und die geschlüpfte Brut. Selbst vor der Hand eines Menschen schrecken sie nicht zurück und greifen den Zeigefinger an. Das Weibchen fühlt sich im umgekippten Blumentopf offensichtlich am Eigelege viel wohler und sicherer. In letzter Zeit hat sich eine xanthorische Zuchtform mit schwarzen Augen sehr verbreitet. Das Laichverhalten ist mit dem der Wildform identisch. Nach dem Ausschlüpfen der Brut aus den Eihüllen auf einem Stein tragen die Eltern ihre Nachkommen in eine vorher ausgegrabene trichterförmige Sandgrube. Den Schlupfwinkel ändern sie oft und verteidigen ihn sehr energisch.

Es sind sogar Mischlinge zwischen *C. nigrofasciatum* und *C. spilurum* bekannt. Die Hybriden von *C. spilurum* und der Wildform von *C.*

Cichlasoma nigrofasciatum (albinotische Form) — Zuchtpaar über Eigelege.

nigrofasciatum sind fruchtbar. Bastarde zwischen *C. spilurum* und der xanthorischen Form von *C. nigrofasciatum* sind dagegen unfruchtbar. Zwei Bastard-Weibchen der letzterwähnten Kreuzung laichen oft willig ab, aber das Gelege bleibt unbefruchtet und verpilzt nach kurzer Zeit.

Schwanzfleckbuntbarsch *Cichlasoma spilurum*

Ebenfalls aus Guatemala stammt dieser bis 10 cm lang werdende Buntbarsch. Nach Literaturangaben soll dieser Fisch eine Ausnahme bilden, weil er in der Gattung der einzige Höhlenbrüter sein soll. Das können wir nicht bestätigen. Er laicht – sonst im Verhalten identisch mit dem Grünflossenbuntbarsch – lieber in einer Höhle; wenn das aber nicht möglich ist, nimmt er mit flachem Stein vorlieb, vor allem, wenn der Stein steil vom Bodengrund aufragt.

Die Brut schlüpft bei 25–26° C nach drei Tagen und wird im allgemeinen vom Weibchen in eine Sandgrube getragen. Nach weiteren drei Tagen schwimmt sie frei und frißt lebendes „Staubfutter" jeder Art. Das Wasser kann während des ganzen Lebens mittelhart sein.

Zwei Hybridweibchen von *C. nigrofasciatum* und *C. spilurum* — mit unbefruchtetem Eigelege (oben). *Cichlasoma spilurum* — Das laichende Paar (unten).

Cichlasoma octofasciatum — Maulkampf, links Männchen, rechts Weibchen.

Schwarzgebänderter Buntbarsch *Cichlasoma octofasciatum*

Diese Art bewohnt Gewässer des Amazonas- sowie Rio Negro-Stromgebietes und wird bis 18 cm lang. Der Name bezieht sich auf 7–8 unregelmäßige, oft schlecht sichtbare Querbänder, die auf den braunen, dunkelblauen oder eventuell grauen Körperseiten undeutlich hervortreten.

In der Laichzeit sind die Fische außerordentlich unverträglich und bissig. Sie benötigen ein großes Aquarium ohne Pflanzenbewuchs, weil das Zuchtpaar stets etwas „umbaut" und den Sandbodengrund aufwühlt. Vor dem Ablaichen sind die Männchen sehr aggressiv und „süchtig" auf einen Maulkampf. Das Weibchen behütet das Eigelege mit dem Männchen abwechselnd. Es kann bis 800 und mehr Eier zählen. Die Zuchttemperatur soll um 25° C gehalten werden. Eine Aufzucht mit lebendem „Staubfutter" ist einfach. Geschlechtsreif werden die Jungfische etwa im Alter von einem Jahr. Dieser Fisch ist im Aquarium widerstandsfähig und langlebig.

Augenfleckbuntbarsch *Cichlasoma severum*

Im nördlichen Teil des Amazonas-Stromgebietes und in Gewässern Guayanas lebt dieser Buntbarsch; dort wird er bis 20 cm lang. Die Körperform der Fische ist hoch, oval und stark an den Seiten zusammengedrückt. Je nach Fangart ist die Ausfärbung verschieden. Obwohl er groß wird, ist dieser Fisch beliebt und wird oft gehalten bzw. nachgezüchtet. Außerhalb der Laichzeit ist er friedlich und vernichtet die Wasserpflanzen nicht. In der Laichzeit verfolgt er selbstverständlich energisch alle Mitbewohner, und das Zuchtpaar muß in ein Aquarium ohne Pflanzenbewuchs umgesetzt werden. Es säubert alles gründlich, bis es ein ihm richtig zusagendes Laichsubstrat auswählt. Das Ablaichen verläuft dann ziemlich ruhig.

Auf dem Laichplatz wechseln sich beide Partner regelmäßig ab. Nach jeder Laichabgabe des Weibchens befruchtet das Männchen die zuletzt gelegten Eier. Im Grunde stimmt die Haltung und Nachzucht mit dem des Flaggenbuntbarsches überein. Ein Gelege zählt oft mehr als 1 000 Stück. Der Augenfleckbuntbarsch ist ein wärmeliebender Fisch, und selbst in den Wintermonaten darf die Wassertemperatur nicht unter 22° C sinken.

Regenbogencichlide *Herotilapia mutispinosa*

Der Regenbogencichlide ist durch Fänge aus dem Managuasee in Nicaragua sowie aus mehreren kleinen Flüssen Guatemalas, Panamas und Costa Ricas bekannt geworden. Er wird bis 12 cm lang. Das Ablaichen nach den Hochzeitsspielen findet auf einem flachen Stein statt. Ein Zuchtpaar sucht am liebsten eine schattige Stelle aus. Zunächst putzen beide Fische das Laichsubstrat sehr gründlich. Dabei treten deutlich die Legeröhre und Urogenitalpapille der Fische heraus. Nach einigem Probegleiten an der Laichstelle werden die ersten Eier abgelegt. Das Männchen befruchtet sie sofort. So kreisen die beiden Partner einträchtig umeinander herum, bis an der Steinoberfläche ein „Eikuchen" entsteht, der oft bis 1 000 Stück zählt.

Bei 24–27° C schlüpft die Brut nach etwa 5 Tagen, und nach weiteren 5 Tagen schwimmt sie frei. Das Wasser darf mittelhart (10–15° dGH) sein, es muß aber immer kristallklar gefiltert sein. Mit feinem „Staubfutter" angefütterte Jungfische wachsen zunächst schnell bis zu einer Größe von etwa 1,5 cm. Dann wird das Wachstum langsamer, und geschlechtsreif sind sie erst nach einem Jahr. Dunkle Querstreifen signalisieren Nichtwohlbefinden der Fische vor allem bei zu niedriger Wassertemperatur.

Cichlasoma severum — Zuchtpaar bereitet den Laichplatz vor (oben).
Herotilapia multispinosa — Das Paar säubert den Stein (unten).

Nannacara anomala —
Maulkampf zwischen zwei Weibchen auf dem Laichplatz.
Nach dem Ablaichen übernimmt das Weibchen mit Netzzeichnung die Gelegepflege.

Gestreifter Zwergbuntbarsch *Nannacara anomala*

In Gewässern Westguayanas lebt dieser Fisch. Das Männchen ist manchmal mehr als zweimal so groß wie das Weibchen und wird bis 8 cm lang. Außerhalb der Laichzeit ist die Art relativ verträglich, aber in der Laichzeit beginnen die Fische, aggressiv zu werden.

Balz und Imponieren arten oft in Kämpfe aus. Man kann häufig den Maulkampf nicht nur zwischen Männchen, sondern auch zwischen Weibchen beobachten. Die Fische reinigen einen flachen Stein als Laichsubstrat, und auch hier, noch kurz vor dem eigentlichen Ablaichen, spitzt sich manchmal die Situation noch soweit zu, daß zwei Weibchen einen Maulkampf beginnen. Erst danach kann endlich das siegreiche Weibchen in Ruhe das Abputzen des Steines mit seinem Maul beenden. Bei dem Ablaichen und der Ei- und Brutpflege trägt das Weibchen ein typisch dunkles Gitterkleid mit weißen Flekken. In einem kleinen Aquarium jagt das Weibchen bald nach dem Ende des Ablaichens den großen Partner vom Gelege weg, und man muß das Männchen rechtzeitig herausfangen, sonst könnte es das ängstliche Weibchen totbeißen.

In größeren Aquarien entwickelt sich das Verhalten ganz anders. Am Anfang verteidigt das Männchen das äußere Revier, später beim Freischwimmen der Brut färbt es sich oft um und übernimmt in dem „Gitteranzug" teilweise die Brutpflege oder sogar nach einem Kampf mit dem Weibchen den gesamten Schwarm der Nachkommenschaft.

Das Gelege zählt bis 300 Eier. Aus den befruchteten Eiern schlüpft die Brut im mittelharten Wasser bei einer Temperatur von 26° C nach 2–3 Tagen. Sie wird sofort in eine Sandgrube getragen. Die Jungfische beginnen nach weiteren 5 Tagen, frei zu schwimmen und Futter zu nehmen. Man muß mit kleiner Lebendnahrung entsprechender Größe anfüttern, und es ist besser, wenig und mehrmals täglich das frische Futter den Fischlein anzubieten. Auch weiterhin muß die Temperatur mindestens zwischen 24 und 25° C gehalten werden. Die Aufzucht ist relativ einfach, so daß dieser Cichlide sogar für Anfänger gut geeignet ist.

Schmetterlingsbuntbarsch *Papiliochromis ramirezi*

Ein schöner und beliebter Fisch ist dieser etwa 7 cm groß werdende Cichlide und in Kolumbien, Venezuela und Bolivien weit verbreitet. Im Aquarium ist er recht wärmebedürftig, eine Temperatur zwischen 25 und 30° C sagt ihm am besten zu. Er benötigt ständig ein kristallklares, gut gefiltertes Wasser, das oft teilweise gewechselt werden muß. Der friedliche Schmetterlingsbuntbarsch laicht am liebsten an Steinen, aber aus unerklärlichen Gründen nimmt er ebenfalls mit Glasboden oder mit einer flachen Sandgrube vorlieb. Das Weibchen ist am hinteren Bauch schön violettrot gefärbt.

Zunächst beginnen die Fische, einige Sandgruben auszuheben und Steine zu putzen. Meistens dauert es nicht lange und das Weibchen schwimmt über den geputzten Stein und legt die ersten Eier ab. Dabei „steht" das Männchen neben dem Weibchen und wartet. Sobald die Partnerin zur Seite schwimmt, übernimmt es seine Stelle über den gelegten Eiern. Am Gelege wechseln sich also Weibchen und Männchen ab, das frischgelegte Eier sofort befruchtet. Die Brutpflege betreiben Männchen und Weibchen gemeinsam. Das Gelege zählt 150–200 Eier, die gelborange- bis orangefarben sind. Bei 30° C schlüpft die Brut nach 48 Stunden, und nach weiteren 6 Tagen schwimmt sie frei. Von Anfang an nehmen die Jungfische Artemia-Nauplien recht willig, was sehr vorteilhaft ist, damit die Brut nicht mit

Papiliochromis ramirezi — Weibchen mit rotem Bauch unten im Bild.

möglichen Krankheitskeimen im „Staubfutter" aus der freien Natur infiziert wird. Häufiger Wasserwechsel und weicheres Wasser beeinflussen die Kondition dieses empfindlichen Fisches während des ganzen Lebens sehr günstig.

Skalar oder Segelflosser *Pterophyllum scalare*

Im mittleren Amazonasstromgebiet und seinen Zuflüssen ist der Skalar stark vertreten und in Farbe und Form sehr verschieden. Obwohl er in mineralarmen Gewässern lebt, sagt ihm im Aquarium ein mittelhartes Wasser gut zu. Nur zur Nachzucht sollte ein weicheres Wasser (höchstens bis 4° dNKH und bis 0,5° dKH) verwendet werden, um Verluste bei den Embryonen vorzubeugen. Die Temperatur sollte nicht unter 24° C absinken, und während der Nachzucht sind 27–30° C zu empfehlen.

Der Segelflosser bildet relativ fest zusammenhaltende Zuchtpaare, die typisch fytophil sind, d. h., daß das Weibchen die Eier auf breitblättrige Pflanzen legt. Das laichwillige Paar sucht ungeduldig nach einem geeigneten Laichplatz. Es putzt an verschiedenen Stellen breite Wasserpflanzenblätter, bis es ein festeres Blatt findet und für die Gelege auswählt. Dieses Blatt wird dann außerordentlich gut von beiden Partnern gereinigt. Dabei treten nach und nach die Legeröhre (Weibchen) und Urogenitalpapille (Männchen) kräftig hervor. Die Legeröhre des Weibchens ist breit und stumpf, die Urogenitalpapille des Männchens kegelförmig und spitzig.

Zuletzt beginnt das Weibchen, das Blatt zu „probieren'', d. h. es streicht mit der Legeröhre in kurzen Zeitabständen über die geputzte Stelle. Das Männchen verfolgt es dabei und jagt alle sich dem Laichplatz nähernden Fische weg, die eventuell die Eier fressen könnten. Und endlich beginnt das Weibchen, die ersten durchsichtigen, bernsteinfarbenen Eier in Schnüren ans Blatt zu heften. Gleich danach streicht das Männchen mit der Urogenitalpapille über die Eier und befruchtet sie. Dann folgt dem Männchen das Weibchen oder beide Partner „fahren'' auf der Oberfläche des Blattes nebeneinander. Das Ablaichen dauert etwa 1–2 Stunden. Im Gelege sind 500–1 000 Eier, aus denen die Eleutherembryonen bei 27° C nach 24–26 Stunden schlüpfen. Sie heften sich an der Blattoberfläche mit Byssusfäden (fädiges, zähflüssiges Sekret, das im Wasser rasch erhärtet) fest, die am Kopf sitzen. Von den Eltern werden sie oft an ein anderes Wasserpflanzenblatt getragen.

Nach weiteren etwa 5 Tagen beginnen die Protopterygiolarven, frei zu schwimmen und sind ziemlich leicht mit Cyclops- und Artemia-Nauplien aufzuziehen. Leider treiben viele Segelflosserpaare im Aquarium eine relativ schlechte Brutpflege, und es ist ratsam, kurz vor dem Ausschlüpfen der Brut aus der Eihülle das Blatt mit dem Gelege in ein 10–15-Liter-Vollglasbecken mit feiner Durchlüftung zu setzen und die Brut ohne Elterntiere aufzuziehen. Die Jungfische wachsen bei reichlicher Fütterung, hoher Temperatur und häufigem teilweisen Wasserwechsel erstaunlich schnell.

Blauer Diskus *Symphysodon aequifasciatus haraldi*

Diese sehr schöne Unterart kommt im mittleren Amazonasstromgebiet, hauptsächlich im Fluß Silimoes, vor und wird bis 20 cm groß. Es ist nötig zu erwähnen, daß eigentlich nur zwei Diskusarten bekannt sind: Echter, Roter oder Pompadour Diskus *Symphysodon discus* und der Grüne Diskus *Symphysodon aequifasciatus.* Von *S. aequifasciatus* wurden in der freien Natur drei Unterarten gefangen: Grüner Diskus *Symphysodon aequifasciatus aequifasciatus* (Nominatform), Brauner Diskus *S. aequifasciatus axelrodi* und Blauer Diskus *S. aequifasciatus haraldi.*

Der Echte Diskus *S. discus* ist wenig veränderlich und unterscheidet sich nicht nur durch morphologische (die äußere Gestalt betreffend) und anatomische (Form und Körperbau betreffend) Merkmale, sondern auch durch andere Eistruktur und Gestalt der Embryonen vom Grünen Diskus *S. aequifasciatus.* Die Hybriden zwischen beiden erwähnten Arten sind sehr lebendig, aber oft vollkommen unfruchtbar. Dagegen bildet der Grüne Diskus nicht nur die drei in der Natur bekannten Unterarten, sondern in der Gefangenschaft kommen auch noch viele Farbmutanten dazu, die im Handel „Royal Blue Diskus", „Cobald Blue Diskus", „Wattleys Türkis Diskus", „Türkis Diskus", „flächigblau", „flächiggrün", oder sogar „flächigtomatenrot" bezeichnet werden.

Das Laichverhalten beider Ausgangsarten sowie aller erwähnten Unterarten und Zuchtfarbformen ist identisch und ähnelt sehr dem des Skalars. Männchen und Weibchen vom Diskus reinigen ein festes Wasserpflanzenblatt, ein Holzstück oder ein Tonrohr gründlich und heften an den gut gesäuberten Laichplatz das Eigelege fest. Die Brutpflege treibt am Anfang das Weibchen, beide Partner können sich auch abwechseln. Bei einer Wassertemperatur von 28° C schlüpfen die Eleutherembryonen nach 56–64 Stunden und heften sich mit dem Drüsensekret am Kopf an das Substrat. Nach weiteren 3–4 Tagen beginnen die Protopterygiolarven frei zu schwimmen. Sie bilden einen Schwarm und halten sich an den Körperseiten der Eltern auf. Dort finden sie die erste Nahrung in Form des Hautsekrets der Erwachsenen, das sie tüchtig verspeisen. Wenn ein Elterntier kein Sekret mehr hat, schüttelt es die Jungfische ab und der andere Partner schwimmt in den Jungfischschwarm hinein. Der Schwarm saugt sich sofort an dem Tier mit „frischem" Hautsekret fest. So pendeln die Jungen 3–7 Tage. Dann beginnen sie, Artemia-Nauplien als Zusatznahrung zunächst zögernd, bald darauf recht gierig zu fressen. Sie wachsen schnell, geschlechtsreif sind sie aber erst nach anderthalb bis zwei Jahren.

Haltung und Nachzucht der Diskusfische sind noch immer recht schwer. Die Grundbedingungen einer erfolgreichen Zucht sind eine Wassertemperatur um 28° C, niedrige Gesamtwasserhärte (höchstens 4° dGH), niedrige Alkalität (höchstens 0,3° dKH), pH-Wert = 6,0–6,5, maximale Sauberkeit, ein Aquarium ohne Bodengrund, häufiger teilweiser Wasserwechsel, bei anspruchsvollen Farbmu-

Pterophyllum scalare — Während das Weibchen die Eiabgabe unterbricht (Oberrand des Geleges), beginnt das Männchen mit der Eibefruchtung am Unterrand (links). *Symphysodon aequifasciatus* Royal-Blue-Form — Weibchen mit Eigelege (oben).

tanten niedrige Leitfähigkeit (höchstens 160 µS), Wasser stets ohne organische Verschmutzung (keine Nitrite und Nitrate) und immer frische, einwandfreie, gesunde und kräftige Nahrung. Auch die Beleuchtung ist nicht ohne Bedeutung. Es muß im Becken genügend Licht sein, eine Überbelichtung stört die Fische allerdings vor allem in der Laichzeit. Das Aquarium sollte nur 12 bis 14 Stunden pro Tag beleuchtet sein. Die Zuchtfische brauchen viel Ruhe, das gilt nicht nur für das Innere des Beckens, sondern auch für die Umgebung des Aquariums. Bei dauernden Störungen sind sie oft schreckhaft und verspeisen entweder das Eigelege oder später die geschlüpfte Brut. Bis heute ist noch nicht ganz genau geklärt, warum ein Zuchtpaar (oder einige Zuchtpaare ständig) das Hautsekret einmal nicht bilden kann und andere Male dazu durchaus in der Lage ist. Sicher handelt es sich um eine Frage des Hormonhaushalts.

Afrikanische Buntbarsche

Blaumaul-Maulbrüter *Haplochromis burtoni*

Vor allem tropische Gewässer Ost- und Mittelafrikas bewohnt dieser Buntbarsch, aber auch nördlich davon bis zum Einzugsgebiet des Nil ist er zu finden. Das Männchen ist größer als das Weibchen und wird bis 12 cm lang. Beim Balzvorspiel kommt es oft zu erheblichen Zwistigkeiten zwischen dem Männchen und dem Weibchen. Es ist deshalb nötig, das Weibchen vor dem Männchen durch viele Verstecke zu schützen. Die Zuchttemperatur soll um 27° C liegen.

Vor dem Ablaichen reinigt und putzt das Männchen den Laichplatz sehr gründlich, der z. B. der Glasboden oder eine Schiefersteinplatte sein kann. Sobald das Weibchen das Versteck verläßt, beginnt das Männchen, es mit gespreizten Flossen anzubalzen. Es schwimmt vor der Partnerin ruckartig hin und her und wedelt mit dem Körper so stark, daß sie nur schwer normal schwimmen kann. Es buckelt dann vor dem Weibchen und zittert mit dem ganzen Körper. Wenn das Weibchen laichwillig ist, schwimmt es zum Laichplatz. Das Männchen schwimmt immer kurz vor der Partnerin und führt sie, es kann aber auch wieder zum Weibchen zurückkehren. Nach diesem Führungsschwimmen fangen die Fische an, sich zu umkreisen; dabei legt sich das Männchen auf einmal mit dem Schwanzkörperteil seitlich an das Laichsubstrat (Schiefersteinplatte). Es klemmt die Flossen und zittert mit gekrümmtem Körper. Das Weibchen nähert sich seiner Afterflosse und versucht, die Eiattrappen (Zeichnung in der Afterflosse) aufzusammeln. Kurz danach legt das Weibchen ein paar Eier auf den Stein nahe der Urogenitalpapille des Männchens, nimmt die Eier ins Maul und stupst das Männchen an die hintere Bauchpartie. Dabei saugt es das Sperma ins Maul. Die Paarungen wiederholen sich in kurzen Zeitabständen, und das ganze Ablaichen dauert etwa eine halbe Stunde. Danach sucht das Weibchen ein Versteck auf.

Die Entwicklung der Eier und Embryonen im Kehlsack des Weibchens dauert bei 26–27° C 16–20 Tage. Das Maul des Weibchens verlassen dann die vollentwickelten Jungfische, die etwa eine Woche lang nachts und bei Gefahr noch gern Schutz im Kehlsack des Weibchens suchen. Die Aufzucht mit Lebendnahrung entsprechender Größe ist einfach. Dieser Fisch verträgt sehr gut mittelhartes Wasser.

Hemichromis bimaculatus — Männchen säubert Stein, Weibchen sieht zu (oben).

Weibchen bei der Eiablage (Mitte). Zuchtpaar laicht nebeneinander (unten).

Roter Buntbarsch *Hemichromis bimaculatus*

Im Nil, Kongo und in den Einzugsgebieten des Niger ist dieser Cichlide weit verbreitet. Er wird bis 15 cm lang und bewohnt nicht nur Süßgewässer, sondern hält sich auch häufig im Brackwasser auf. In der Laichzeit sind die Fische prächtig rotgefärbt und mit glänzenden grünblauen Punkten in Reihen am ganzen Körper und an den unpaaren Flossen geschmückt.

Es handelt sich um typische Offenbrüter, die ihre Eier an einem flachen Stein ablegen. Vor dem Ablaichen putzen beide Fische besonders tüchtig das Substrat. Bald danach legt das Weibchen die Eier, und das Männchen befruchtet sie. Oft geben beide Elterntiere sogar gemeinsam nebeneinander ihre Geschlechtsprodukte ab.

Für das Gelege mit 600 und mehr Eiern und die geschlüpfte Brut sorgen beide Partner sehr intensiv. Die Aufzucht der Jungfische ist einfach. Die Zuchttemperatur sollte 25–26° C sein. Außerhalb der Laichzeit und zur Überwinterung der Fische genügen 20° C.

Haplochromis burtoni — Weibchen mit Jungen.

Chromidotilapia guentheri — Männchen (quer) imponiert dem Weibchen.

Günthers Prachtbarsch *Chromidotilapia guentheri*

Aus den Bächen im Urwald und in den Savannen Westafrikas stammt dieser dort bis 20 cm lang werdende Prachtbarsch; im Aquarium erreicht er kaum 16 cm. Da er recht unverträglich ist, kann er nur paarweise gehalten werden. Dem Ablaichen geht ein heftiges Putzen des Laichplatzes voraus. Auch die Liebesspiele sind recht stürmisch. Die einzelnen Laichakte finden meistens in einer Höhle oder zwischen Steinen statt. Vom Weibchen abgelegte Eier nimmt das Männchen in den Kehlsack auf und erbrütet sie bei 27° C 12–14 Tage lang. Dann schwimmen die relativ großen Jungen aus dem Maul heraus. Das können bis zu 150 Jungtiere sein. Nach einigen Autoren trägt und erbrütet auch das Weibchen mit dem Männchen abwechselnd die Eier im Kehlsack. Die Aufzucht mit Lebendnahrung ist unproblematisch.

Blauer Kongocichlide *Nannochromis parilius*

Dieser Bewohner des unteren Kongogebietes wird bis 8 cm lang. In der Fachliteratur ist er jahrelang unter der unrichtigen Bezeichnung *N. nudiceps* geführt worden. Beide erwähnten Arten unterscheiden

Nannochromis parilius — Weibchen (quer) imponiert dem Männchen (oben).

Weibchen trägt im Maul Kies aus der Höhle hinaus (Mitte). Männchen saugt vor dem Ablaichen am Bauch des Weibchens (unten).

sich aber deutlich voneinander durch die Zeichnung der Schwanzflosse. *N. parilius* hat eine längsgestreifte Schwanzflosse, der echte *N. nudiceps* trägt auf der Schwanzflosse deutlich Querstreifen und ist wahrscheinlich noch nie im Aquarium gehalten worden.

Der Blaue Kongocichlide verlangt bei einer erfolgreichen Nachzucht ein weiches, schwachsaures Wasser, das 24–28° C warm ist. Männchen sind untereinander sehr unverträglich und bissig. Die Vorbereitung zum Ablaichen ist durch intensive Balz und heftiges Treiben gekennzeichnet. Sobald die Partner ihre Grotte zum Ablaichen richtig finden, beginnen sie, innen Ordnung zu schaffen. Dabei tragen sie viele Steinchen hinaus und spucken sie aus. Kurz vor der Paarung saugt das Männchen mehrfach verschieden lange an der Legeröhre des Weibchens.

Die Eier werden in der Höhle abgelegt. Sie sind oval und gelblich, ein Gelege enthält 80–120 Stück. Die Brutpflege übernimmt das Weibchen. *N. parilius* ist ein typischer Höhlenbrüter, der die mit kurzem Faden versehenen Eier an der Höhlendecke hütet. Die Brut schlüpft nach etwa 3 Tagen, und nach weiteren drei Tagen schwimmt sie frei. Das Wasser muß stets sauber sein.

Augenfleckbuntbarsch *Pelvicachromis subocellatus*

Aus Gabun und Zaire stammt dieser etwa 10 cm lang werdende Cichlide. Er ist ebenfalls ein Höhlenbrüter, der im Aquarium in einer Felsengrotte oder im umgekippten Blumentopf willig laicht. In der Not nimmt er mit einer sehr schrägstehenden Schiefersteinplatte vorlieb. Das Zuchtwasser soll mineralarm (Leitfähigkeit bis 200 µS, Nichtkarbonathärte höchstens bis 5° dNKH, Alkalität bis 0,5° dKH, pH-Wert um den Neutralpunkt oder schwachsaurer Reaktion, d. h. 7,0 bis 6,5) und 25–28° C warm sein. Erwachsene Fische verlangen Pflanzenbeikost.

Wenn das Weibchen umfangreich genug in der Bauchpartie ist, balzt es immer häufiger vor dem Männchen. Die hintere Bauchpartie des Weibchens färbt sich dabei violettrot. Es krümmt den Körper bogenförmig und schwimmt seitlich – deutlich zitternd – auf das Männchen zu, das darauf mit einem Kopfschütteln reagiert und beginnt, das Weibchen zu umkreisen. Diese Liebesspiele dauern verschieden lange, oft sogar mehrere Tage. Inzwischen putzt das Weibchen das Laichsubstrat, und wenn das Männchen folgt, fängt das Weibchen an, über den vorgesehenen Laichplatz mit der Legeröhre zu gleiten. Kurz danach legt es dann die ersten Eier. Das Männchen

Pelvicachromis subocellatus — Das Weibchen mit rotviolettem Bauch deckt seitlich das Eigelege.

stellt sich vor die Eier und gibt seine Geschlechtsprodukte ebenfalls ab, dabei wedelt es stark mit den Brustflossen.

Ein Gelege enthält oft mehr als 200 Eier, das vom Weibchen betreut wird, indem es durch Bewegen der Brustflossen frisches, sauerstoffreiches Wasser zuführt. Aus rotbraunen Eiern schlüpft die Brut nach 2–3 Tagen und schwimmt nach weiteren 4–5 Tagen frei. Das Weibchen führt die Jungfische noch aus der Höhle heraus oder von der Laichstelle am Stein weg, ab sofort verteidigt das Männchen aber nicht mehr nur das äußere Revier, sondern nimmt auch direkt an der weiteren Brutpflege teil. Gegen Abend sammeln die Eltern ihre Nachkommenschaft in einer Sandgrube oder in der ursprünglichen Laichhöhle. Die Jungfische fressen Cyclops- und Artemia-Nauplien. Bei der Aufzucht ist es wichtig, das Wasser sorgfältig sauberzuhalten und langsam die Fischlein in härteres Wasser durch regelmäßigen Teilwasserwechsel mit höherer Wasserhärte zu überführen. Vorsichtig muß man auch beim Auftreten von Nitriten und Nitraten sein, denn schon Spuren davon wirken recht giftig.

Kleiner Maulbrüter *Pseudocrenilabrus multicolor*

Überall in den ostafrikanischen Gewässern ist er vertreten, dringt bis ins Einzugsgebiet vom Nil vor und wird bis 8 cm lang. Da er friedlich und anspruchslos ist, eignet er sich für Gesellschaftsbecken.

Während der Laichzeit balzt das Männchen im prächtigen Farbkleid. Es spreizt dabei die unpaaren Flossen und wedelt mit dem ganzen Körper. Das Männchen versucht beharrlich, das Weibchen zum Laichplatz (einem flachen Stein oder einer seichten Sandmulde) zu locken. Wenn die Partnerin zum Laichplatz geleitet ist, folgt die weitere Phase der Balz des Männchens, man könnte sie auch Fegebalz nennen. Das Männchen kreiselt mit zitterndem Hinterteil des Körpers auf dem Bodengrund, womit es eine seichte Grube im Sand ausfegt und vertieft. Das Weibchen stupst dabei an die Körperseite des Männchens. Falls das Zuchtpaar einen flachen Stein als Laichsubstrat ausgewählt hat, wird er vom Männchen geputzt, die Partnerin hilft oft mit.

Zuletzt drückt das laichwillige Weibchen den Hinterbauch an das Laichsubstrat. Das nützt das Männchen aus und stellt sich quer zum Weibchen. Bald darauf tastet es wiederholt die hintere Bauchpartie der Partnerin ab. Das Weibchen reagiert ähnlich, und auf einmal legt es die ersten Eier ab. Das Männchen nähert sich sofort mit der Urogenitalpapille den Eiern an, und bei einer seitlich „halb liegenden" Position werden sie befruchtet. Das Weibchen sammelt die Eier im Kehlsack und bestupst die Urogenitalgegend des Männchens. Die Eiablagen folgen nacheinander in verschieden kurzen Zeitabständen, bis das Weibchen „leer", sein Kehlsack aber vollgefüllt ist. Am Ende des Ablaichens atmet das Weibchen sichtbar schwer, und ab und zu „kaut" es die Eier. Aus einem kleinen Aquarium sollte man jetzt das Männchen herausfangen.

Die orangefarbenen Eier im Kehlsack scheinen zunächst durch, nach und nach werden sie grau bis dunkelgrau oder sogar schwarz. Je nach Wassertemperatur schlüpft die Brut nach 10–20 Tagen. Sobald die Jungfische das Maul der Mutter verlassen, kann man mit Cyclops- oder Artemia-Nauplien anfüttern. Noch etwa eine Woche suchen Jungtiere im Kehlsack der Mutter nachts und am Tage Schutz, wenn sie sich sattgefressen haben oder falls irgendeine Gefahr droht. Für erwachsene Fische genügt eine Wassertemperatur von 20° C, für die Nachzucht 25–26° C. Bei niedrigerer Temperatur dauert die Entwicklung im Kehlsack zu lange. Das Weibchen wird dann unnötig geschwächt, magert ab oder geht sogar ein.

Pseudocrenilabrus multicolor — Ablaichen in der Sandgrube (oben).
Weibchen mit dunklem Kehlsack (unten).

Pseudocrenilabrus philander dispersus — Weibchen mit den Eiern im Kehlsack (am Anfang sind sie hell).

Kupfermaulbrüter *Pseudocrenilabrus philander dispersus*

In den Gewässern Südwestafrikas ist der bis 11 cm langwerdende Kupfermaulbrüter weit verbreitet. Sein Ablaichverhalten ist mit dem des Kleinen Maulbrüters *P. multicolor* identisch. Das Zuchtpaar legt die Eier am liebsten in eine Sandgrube. Auch bei diesem Fisch scheinen die orangefarbenen Eier im Kehlsack zunächst durch, erst später werden sie dunkel. Nach dem Ausschlüpfen verbringen die Jungfische nach und nach mehr Zeit außerhalb des Kehlsackes der Mutter. Die Anzahl der Brut schwankt je nach Alter, Größe des Weibchens und Fütterung der Zuchttiere zwischen 30 und 100 Stück; die Aufzucht mit kleiner Lebendnahrung ist leicht.

Blauer Njassa-Buntbarsch oder Njassa-Buntbarsch *Pseudotropheus zebra*

Aus dem Malawi-See stammt dieser bis 15 cm lang werdende Cichlide. Mit Vorliebe hält er sich zwischen Steinen auf. Im Aquarium gewöhnen sich diese Fische ziemlich bald und leicht ein. Sie sind Allesfresser.

Pseudotropheus zebra Bright-Blue-Form — Das Männchen baut Laichgrube bis Laichhöhle (oben). Kurz vor dem Ablaichen (unten).

In der freien Natur ist der Njassa-Buntbarsch räuberisch, das Männchen verteidigt ein verhältnismäßig großes Territorium. Man sollte ihn deshalb nur in einem möglichst großen Becken mit viel Versteckmöglichkeiten (Steinen) halten. Das Wasser sollte härter sein (bis 20° dGH) und alkalisch reagieren (pH-Wert = 7,5–8,2). Zur Haltung genügt eine Temperatur von 24–25° C, die Zuchttemperatur sollte zwischen 26 und 27° C liegen. Die Färbung dieser Art ist sehr verschieden, es sind viele Farbformen bekannt. Aquarianer halten vor allem die normale quergestreifte Form, dann die orange- bis rotrückige Form, die hellblaue (Bright Blue) Form und die orangerote Form.

Das Ablaichen fängt bei allen Formen mit einem stürmischen Umwerben des Weibchens durch das Männchen an. Die Männchen bauen eine Sandgrube oder eine Höhle unter den Steinen. In der Sandgrube oder direkt im Versteck laichen die Fische. Dann sammelt das Weibchen die Eier im Kehlsack, verbirgt sich in der Steinhöhle und nimmt während der Entwicklung der Eier keine Nahrung zu sich.

Dunkler Njassa-Buntbarsch *Pseudotropheus fuscus*

Felsige Flachwasserzonen des Malawi-Sees bewohnt dieser bis 12 cm lang werdende Cichlide. Er ernährt sich in der Natur hauptsächlich von Algen, die er von den Felswänden abraspelt. Im Aquarium ist er ein Allesfresser. Das Laichverhalten ist mit dem des Blauen Njassa-Buntbarsches identisch.

Das Zuchtpaar baut entweder eine Sandgrube oder höhlt ein Versteck unter Steinen aus. Es laicht aber auch an einem flachen Stein. Beide Tiere kreiseln umeinander herum, mit dem Maul an der Schwanzflosse des anderen Fisches. Dabei stößt das Weibchen ein etwa 4 mm großes hellkaffeefarbenes Ei aus. Nach jedem Laichakt wird das Ei vom Weibchen mit dem Maul aufgenommen. Das Eigelege verbleibt im Kehlsack so lange, bis die Brut schlüpft und den mütterlichen ,,Brutkasten'' verläßt. Oft wechselt das Weibchen den Partner, indem es die Nachbarreviere besucht und mit deren Männchen ebenfalls ablaicht. Jungfische eines Geleges können also einen oder mehrere Väter haben. Die Aufzucht der relativ großen 40 und mehr Jungtiere aus einem Gelege mit Lebendnahrung ist kein großes Problem.

Pseudotropheus fuscus — Weibchen sammelt Eier und Sperma (oben).
Steatocranus casuarius — Zuchtpaar am Blumentopf (unten).

Löwenkopfcichlide *Steatocranus casuarius*

Schnellfließenden Gewässern des mittleren und unteren Kongostromgebietes hat sich dieser Buntbarsch angepaßt. In der Natur wird er bis 15 cm und im Aquarium nur um 9 cm lang. Ein Fettpolster ziert den Kopf des Männchens (Buckelkopf). Dieser Fisch lebt ausschließlich am Boden und bewegt sich sprunghaft. Im Aquarium ist er ein ruhiger Bewohner, und außerhalb der Laichzeit wühlt er nicht und beschädigt auch keine Pflanzen.

Das Zuchtpaar laicht in Felsspalten, Steinhöhlen oder im umgekehrt eingebrachten Blumentopf, aus dem man den Boden herausbricht. Der Blumentopf muß selbstverständlich für die Fische groß genug sein. Beim laichwilligen Paar beobachtet man oft, daß die Fische breitseits imponieren. Vor dem Ablaichen tragen die Zuchttiere Sand aus der Höhle heraus, dann putzt das Weibchen die Decke der Steinhöhle oder die Blumentopfwände gründlich mit dem Maul. Am Abend oder in der Nacht wird abgelaicht. Das Weibchen befächelt das Gelege in der Höhle, während das Männchen die Umgebung überwacht. Er verteidigt ein verhältnismäßig großes Revier von etwa 50 cm Durchmesser mit dem Gelege in der Mitte. Von der Brutpflege des Weibchens sieht man nicht viel. Erst nach 2–3 Wochen „graben" die Eltern eine Sandgrube vor der Höhle und tragen die geschlüpften Eleutherembryonen mit großem Dottersack hinein. Zur Übernachtung transportieren sie die Brut wieder heim in die Höhle. Nach dem Freischwimmen füttert man die Jungfische mit *Cyclops*- und *Artemia*-Nauplien. Bei dieser Ernährung wachsen sie gut.

Weich sollte das Zuchtwasser sein (um 5° dGH), schwachsauer (pH-Wert um 6,0), 24–28° C warm, gut gefiltert, sauerstoffreich und keine Nitrite sowie Nitrate enthalten.

Fünffleckbuntbarsch *Thysia ansorgii*

Im tropischen Westafrika ist dieser Fisch häufig anzutreffen. Er bewohnt Süßgewässer und lebt auch im Brackwasser. Der bis 13 cm lang werdende Fünffleckbuntbarsch ist ein typischer Höhlenbrüter, der im Aquarium gern im umgekippten Blumentopf, an überhängenden Schiefersteinplatten sowie in Kokosnußschalen ablaicht, die groß genug sind. Brutpflege treiben beide Elterntiere.

Das Laichverhalten ähnelt dem der *Cychlasoma*-Arten. Am Anfang „probieren" die Fische das Laichsubstrat oft. Die Fische laichen nacheinander, sie wechseln sich immer nach kurzer Zeit ab; entwe-

Thysia ansorgii — Weibchen fängt an, die Eier abzulegen.

Thysia ansorgii — Männchen befruchtet das Eigelege.

der legt das Weibchen die Eier oder das Männchen befruchtet die zuletzt gelegten Eier. Das andere Tier sieht zu oder verteidigt die nahe Umgebung des Laichplatzes. Alle Eier sind groß und hellbraun gefärbt. Die Eleutherembryonen schlüpfen nach 3 Tagen, und nach weiteren vier Tagen schwimmen sie frei. 26° C ist eine günstige Zuchttemperatur, obwohl diese Fischart recht wärmeliebend ist. Die Jungfische können mit kleiner Lebendnahrung aufgezogen werden. Außerhalb der Laichzeit kann man halbwüchsige und erwachsene Exemplare auch an Trockenfutter gewöhnen.

Südasiatische Buntbarsche

Punktierter Buntbarsch *Etroplus maculatus*

Süß- und Brackgewässer Vorderindiens und Ceylons (Sri Lanka) bewohnt dieser Cichlide. Im Aquarium wird er bis 8 cm lang und ist recht empfindlich gegen jede Änderung der Wasserwerte. Bei der Haltung darf die Temperatur nicht unter 25° C liegen. Den Fischen sagt ein Zusatz von Meerwassersalz in der Menge von 1 bis 2 Teelöffeln auf 10 Liter Wasser sehr gut zu.

Das Laichverhalten entspricht dem aller offen brütenden lithophilen Cichliden (die Eier werden auf Steine gelegt). Vor dem Ablaichen putzt das Zuchtpaar den Laichplatz gut. Dabei sieht man oft, daß das balzende Männchen die Partnerin in die Seite stupst. Die Elterntiere geben die Geschlechtsprodukte nacheinander ab. Der andere Fisch beobachtet das Ablaichen oder verteidigt die Umgebung des Geleges. Eier und Brut werden von beiden Fischen gemeinsam gepflegt. Nach dem Ausschlüpfen heften sich die Jungfische an die Körperseiten der Eltern, wie man es bei Diskusfischen sieht; unbedingt brauchen sie aber das Hautsekret nicht als erste Nahrung. Man kann die Brut leicht mit feinem Lebendfutter aufziehen. Am Anfang halten sich die Jungen im Schwarm in der Nähe der Eltern. Das Weibchen hält im allgemeinen lange engen Kontakt mit der Nachkommenschaft, begleitet und führt sie.

Etroplus maculatus — Männchen befruchtet die Eier.

Labyrinthfische *Belontiidae*

Die ursprüngliche gattungs- und artenreiche Familie *Anabantidae* hat K. F. Liem im Jahre 1963 in die vier selbständigen Familien *Anabantidae, Belontiidae, Helostomatidae* und *Osphronemidae* im Sinne der modernen Ansichten über die Taxonomie bzw. Systematik aufgeteilt. Die im weiteren Text erwähnten Vertreter gehören alle zur Familie *Belontiidae.* Diese Fischgruppe ist nahe mit Barschähnlichen verwandt, von denen sie sich durch das Labyrinth unterscheidet, das es den Fischen ermöglicht, zusätzlich Sauerstoff aus der Luft aufzunehmen und in verschlammten sauerstoffarmen Gewässern dauernd leben zu können.

In der Laichzeit bauen einige Arten ein Schaumnest an der Wasseroberfläche oder unter Pflanzenblättern in verschiedener Wassertiefe. Ihre Eier schweben im Wasser oder steigen zum Wasserspiegel hinauf dank der Fetttropfen (z. B. *Trichogaster).* Es gibt aber auch Eier, die schwerer als Wasser sind und deshalb zu Boden sinken (z. B. *Betta).* Sie müssen dann von den Fischen im Maul zum Schaumnest getragen und dort hineingespuckt werden.

Scheuer Kampffisch *Betta imbellis*

In Sumpfgewässern auf der Halbinsel Malakka ist dieser Fisch ziemlich verbreitet. Er wird nur etwa 5 cm lang. Seine Kiemendeckel sind stets grünglänzend, bei *B. splendens* strahlen sie warmrot. Während des ganzen Lebens ist diese Art mehr scheu als angriffslustig.

Bei der Laichvorbereitung jagt das Männchen nie wild die Partnerin, vielmehr imponiert es mit gespreizten Flossen. Beim Nestbau geht es tüchtig zu Werke. Selbst beim Anlocken des Weibchens unter das Schaumnest bleibt es zärtlich und wird nicht gewalttätig oder aggressiv. Das laichwillige Weibchen ist hell gefärbt und zeigt braune Querstreifen. Zuletzt schwimmt das Weibchen in die Körperkrümmung des Männchens, wird vom Partner fest umschlungen und mit dem Bauch nach oben gedreht. Die Fische zittern kurz und verharren plötzlich. Die Paarung ist beendet. Während das Weibchen noch „erstarrt" mit dem Bauch nach oben liegenbleibt, hebt das Männchen sehr fein die Umklammerung auf und sammelt die Eier ein. Es fängt sie mit dem Maul und spuckt sie danach ins Schaumnest. Nach ein paar Laichakten baut das Männchen eine neue Schaumschicht hinzu und bettet damit die Eier gut ein.

Eier dieser Art haben durchschnittlich eine Größe von 1,05 mm. Die Gesamtzahl überschreitet selten 200 Stück. Schon nach 32 Stunden schlüpft die Brut bei einer Wassertemperatur von 26–27° C, und 74 Stunden nach der Eibefruchtung schwimmt sie frei. Obwohl die Jungfische scheinbar sehr robust bei einer Länge von 3,9 mm aussehen, müssen sie zunächst 4–6 Tage mit Pantoffeltierchen *Paramecium* oder Rädertierchen gefüttert werden; erst danach können sie Cyclops- oder Artemia-Nauplien überwältigen. Zur Nachzucht muß man ein weiches Wasser benutzen, d. h. mit einer Gesamthärte von höchstens 6° dGH, die Alkalität sollte möglichst niedrig sein (höchstens 1° dKH) und der pH-Wert zwischen 6,8 und 7,2 liegen. Die Jungfische wachsen langsam. Geschlechtsreif sind sie erst nach 8–9 Monaten.

Der Scheue Kampffisch geht immer zögernd an die Nahrung heran, er wendet das Futter im Maul, spuckt es aus und fängt es vorsichtig wieder, bevor er es endlich auffrißt. Er ist überdies ein ausgezeichneter Springer und kann leicht eine Höhe von 20 cm überwinden, er klettert sogar in der Aquariumecke und zieht sich durch eine unglaublich schmale Spalte der Deckscheibe aus dem Aquarium heraus. Wohl fühlt er sich im Schwarm und einem gutbepflanzten größeren Aquarium, das nicht zu hell gestellt werden darf. Die Männchen imponieren ständig im prächtigen Kleid, verletzen sich aber nicht und beißen sich nicht tot, wie es Männchen von *B. splendens* häufig tun.

Kampffisch *Betta splendens*

Eine in Hinterindien und Thailand weitverbreitete Art ist der etwa 6 cm lang werdende Kampffisch. Schon in der Natur sind grüne und rote Stämme gefunden worden. Im Aquarium bildet der Kampffisch viele Farb- und Formmutanten.

Das Männchen baut in der Laichzeit ein großes Schaumnest, dabei jagt es das Weibchen recht brutal weg. Viele Versteckmöglichkeiten sind deshalb in einem zu kleinen Aquarium nötig, wenn es nicht vom Männchen totgebissen werden soll. Sobald das Schaumnest fertig ist, lockt und leitet das Männchen die Partnerin zum Nest. Wenn sie noch nicht laichwillig ist, flüchtet sie, und das Männchen ändert sein Verhalten, es wird aggressiv. Nach einer gewissen Zeit läßt sich das Weibchen bis unter das Schaumnest führen, ein paar Mal flüchtet es aber wieder, vom Männchen oft kurz verfolgt. Das Männchen kehrt

Betta imbellis — Männchen bei Schaumnestbau (oben).

Paar, das laichwillige Weibchen mit Querstreifelung (Mitte). Paarung (unten).

Betta splendens – Zuchtpaar der roten Schleierform (oben).

Männchen beim Imponieren (Mitte). Männchen, blaue Schleierzuchtform (unten).

jedoch möglichst schnell zum Nest zurück. Wenn sich zwei balzende Männchen in der Nähe des Schaumnestes begegnen, entbrennt ein wilder Kampf. Er beginnt oft mit einem Breitseitsimponieren, dann werden die Tiere aggressiv, rammen sich gegenseitig, beißen Flossenstücke ab, und schließlich flieht das schwächere Tier oder es wird eventuell von dem stärkeren Rivalen totgebissen.

Verschieden lange dauert das Liebeswerben, Imponieren, Anlocken und Leiten des Weibchens zum Schaumnest. Sobald das Weibchen laichreif ist, läßt es sich unter das Nest leiten und versucht, das Männchen in die Bauchgegend zu stupsen. Danach folgt ein kurzes Umkreisen, das Weibchen legt sich in den gebogenen Körper des Männchens und läßt sich umschlingen. Beide Tiere kippen sich so um, daß das Bäuchlein des Weibchens zur Seite und zuletzt nach oben gerichtet wird. Nach einem deutlichen Zittern verharren die Fische. Dabei werden die Geschlechtsprodukte abgegeben. Die weißlichen Eier sind schwerer als Wasser und sinken langsam zu Boden. Das Männchen erholt sich zuerst, löst die Umschlingung und beginnt, die Eier mit dem Maul einzusammeln. Die Partnerin bleibt eine kurze Zeit verkrampft in der gleichen Lage wie beim Laichakt „liegen", erholt sich dann ebenfalls und hilft anfangs dem Männchen beim Einsammeln der Eier. Bei späteren Paarungen wird sie vom Männchen sofort verjagt. Solange das Männchen mit den Eiern und dem Schaumnest beschäftigt ist, muß das Weibchen versteckt bleiben. Erst wenn der Vater findet, daß die Eier richtig eingebettet sind, signalisiert er mit aufgestellten Flossen unter dem Nest, daß er wieder laichbereit ist. Am Ende des Ablaichens muß das Weibchen herausgefangen werden, denn die Brutpflege übernimmt das Männchen allein.

Bei jedem Ansatz kann man 500–800 Eier erreichen. Aus den 0,8 mm großen Eiern schlüpft die Brut bei 27° C nach 42 Stunden. Sie beginnt 90 Stunden nach der Eibefruchtung, sich freizuschwimmen und hat in dieser Zeit eine durchschnittliche Länge von 3,2 mm. In diesem Moment ist es günstig, auch den Vater zu entfernen. Man muß jetzt anfangen, die Fischchen mit Rädertierchen und später mit *Cyclops*- und *Artemia*-Nauplien zu füttern. Die Jungfische wachsen schnell und sind im Alter von 5–6 Monaten geschlechtsreif. Meistens müssen wir schon lange vorher die heranreifenden Männchen rechtzeitig herausfangen und einzeln in kleinen Glasbehältern bzw. Flaschen großziehen. Im Aufzuchtbecken zerbeißen sie sich untereinander die Flossen oft so stark, daß diese von den Fischen nicht mehr richtig regeneriert werden können. Bei Schleierformen ist das ein nicht wiedergutzumachender Fehler.

In der ersten Filialgeneration zwischen *Betta splendens* und *B. imbellis* werden zwar sehr schöne Mischlinge gezeugt, die Fruchtbarkeit der weiteren Hybriden in der zweiten und dritten Filialgeneration sinkt aber bis auf etwa 7% herab. Das Wachstum ist sehr ungleichmäßig. Dies bestätigt, daß es sich um zwei genetisch abgetrennte Fischarten handelt. Merkwürdig dabei ist allerdings, daß alle Hybriden außerordentlich bissig sind und sich das ruhige Verhalten von *B. imbellis* nicht vererbt. Viele Bastarde verlieren in weiteren Filialgenerationen noch den Instinkt zum Bauen des Nestes und sind somit nicht fähig, sich fortzupflanzen.

Schwarzer Spitzschwanzmakropode
Pseudosphromenus cupanus

Im südlichen Teil Vorderindiens, auf Sri Lanka und der Malaiischen Halbinsel, in Thailand, auf Sumatra und in Nordvietnam sehr verbreitet ist dieser etwa 7,5 cm lang werdende Makropode. Im Aquarium ist die Art friedlich, genügsam, man kann sie problemlos halten.

Zur Laichzeit baut das Männchen ein Schaumnest an der Wasseroberfläche unter breiten Wasserpflanzenblättern, einem schwimmenden Holzstück oder im umgekippten Blumentopf bzw. in einer Kokosnußschale. Wenn das Nest fertig ist, schaut sich das Männchen nach einem Weibchen um. Falls es laichreif und laichwillig ist, stellt es sich beim Näherkommen des Männchens schräg mit dem Kopf nach unten und spreizt die Flossen. Dann umkreisen sich die Fische, und das Männchen versucht mit gespreizten Flossen und wedelnden Körperbewegungen, dem Weibchen den Weg zum Nest zu zeigen. Oft folgt das Weibchen der Aufforderung sofort und nähert sich dem Nest. Dort kreisen die Partner wieder umeinander herum, und das Weibchen stupst den Partner in die Körperseite. Bald darauf umschlingt das Männchen die Partnerin, die sich dabei schwach S-förmig biegt. Die Paarung dauert 15–20 Sekunden, und beide Tiere sinken dabei langsam zu Boden. Pro Laichakt werden 5–30 Eier ausgestoßen, die das Männchen einsammelt und in das Nest trägt.

Die Eier sind 1,5 mm groß. Bei einigen Paaren ist das Weibchen beim Sammeln der Eier sogar aktiver als das Männchen, weil es sich oft

Pseudosphromenus cupanus — Einschwimmen des Weibchens (oben).

Umklammern des Weibchens (Mitte). Paarung (unten).

Pseudosphromenus cupanus — Heruntersinken der beiden mit Eiwolke (oben).

Männchen bettet die Eier in das Schaumnest ein (unten).

früher aus der Paarungsstarre löst. Ab und zu nimmt das Weibchen voll an der Brutpflege teil. Die Aufzucht der großen Jungtiere ist mit kleinem Lebendfutter einfach. Zur Nachzucht eignet sich ein weiches, aber auch ein mittelhartes Wasser ganz gut.

Makropode, Paradiesfisch oder Großflosser
Macropodus opercularis opercularis

Häufig ist dieser Makropode in Gewässern Koreas, Chinas, Südvietnams und Taiwans zu finden. Das Männchen ist größer als das Weibchen und erreicht eine Länge bis von etwa 9 cm. Zur Haltung genügt eine Temperatur von 15–20° C, zur Zucht 20–24° C. Häufig wird eine albinotische Zuchtform mit roten Augen gehalten und gezüchtet, die etwas wärmeliebender ist.

Während der Laichzeit baut das Männchen an der Wasseroberfläche nicht nur ein großflächiges, sondern oft auch ein recht hohes Schaumnest. Das Weibchen ist meistens die ganze Zeit dabei, ohne vom Partner verjagt zu werden. Es ist blaß gefärbt, trägt keinen Kiemendeckelfleck und hat die unpaaren Flossen fest am Körper angelegt. Nur ab und zu stupst das Männchen die Partnerin in die Seite. Wenn das Männchen das Schaumnest fertiggestellt hat, reagiert die Partnerin, indem sie sich an die Seite des Männchens drängt, das nunmehr die Flossen anlegt und sich bogenförmig biegt. Das Weibchen schwimmt daraufhin in diesen Bogen ein. Der Partner umklammert das Weibchen und dreht es mit dem Bauch nach oben zur Wasseroberfläche bzw. zu dem Schaumnest. In diesem Moment werden die Geschlechtsprodukte abgegeben, und beide Partner trennen sich wieder. Die Paarung dauert meist nicht länger als 15 Sekunden.

Die Eier sind milchig gefärbt und leichter als Wasser dank des großen Öltropfens im Nährdotter. Sie schweben im Wasser und steigen langsam ins Schaumnest hinauf. Durchschnittlich ist ein Ei um 1 mm groß. Bei 25° C schlüpft die Brut nach etwa 30 Stunden. Nach 4–5 Tagen schwimmen die Jungfische frei, man kann sofort mit *Cyclops*- und *Artemia*-Nauplien anfüttern.

Schwarzer Makropode *Macropodus opercularis concolor*

Wahrscheinlich aus Indochina stammt dieser 10–12 cm lang werdende Makropode. Das Männchen zeichnet sich durch eine dunkle Ausfärbung und mächtige unpaare Flossen aus. Sehr eindrucksvoll sind imponierende Männchen von der Seite. Das Laichverhalten ist identisch mit der Nominatform. Bereitwillig kreuzt sich der Schwarze Makropode mit dem Großflosser. Leider sehen die Nachkommen, obwohl sie fruchtbar sind, mit ihrer Graufärbung recht unscheinbar aus.

Mosaikfadenfisch *Trichogaster leeri*

Ein Bewohner der stehenden Gewässer der Malaiischen Halbinsel, Thailands, Sumatras und Borneos ist der etwa 11 cm lang werdende

Mosaikfadenfisch. Männchen sind größer als Weibchen. Im zu hellen und nicht ausreichend bepflanzten Aquarium ist er scheu und nie richtig ausgefärbt.

Zur Laichzeit baut das Männchen ein Schaumnest an der Wasseroberfläche. Sobald es fertig ist, sucht es sich ein Weibchen. Es wirbt um das Weibchen mit aufgespannten Flossen und stellt damit seine prächtige Ausfärbung zur Schau. Dann wendet es und schwimmt mit ganz stark gespreizten Flossen zum Nest. Das laichwillige Weibchen reagiert auf dieses Führungsschwimmen und drängt sich unter dem Schaumnest an die Seite des Männchens, das nun die Partnerin umschlingt. In dieser Umklammerung wendet das Männchen das Weibchen mit dem Bauch zur Seite und dann nach oben. Dabei werden Eier und Spermien ausgestoßen. Beide Tiere sinken langsam zu Boden, und über ihnen schwebt eine verschieden große Eiwolke. Die Eier sind leichter als Wasser und steigen langsam nach oben. Das Paar trennt sich, und das Weibchen wird vom Männchen vertrieben. Ein Teil der Eier trifft auf das Schaumnest, die restlichen Eier sammelt das Männchen schnell ein und spuckt sie in die Schaumnestschichten hinein.

Die Paarungen wiederholen sich, bis das Weibchen keine reifen Eier mehr besitzt. Dann muß das Weibchen herausgefangen werden. Die Brutpflege betreibt nur das Männchen. In einem Schaumnest befinden sich oft bis zu 2 000 Eier.

Bei einer Wassertemperatur um 28° C schlüpfen die Eleutherembryonen nach etwa 24 Stunden, und die Protopterygiolarven schwimmen schon nach weiteren etwa zwei Tagen frei. Die Brut muß man zunächst mit feinstem „Staubfutter" (Pantoffel- oder Rädertierchen) anfüttern. Nach 4–10 Tagen können sie schon Cyclops- und Artemia-Nauplien überwältigen. Die weitere Aufzucht in einem der großen Anzahl der Jungfische entsprechenden Aquarium ist nicht schwer.

Blauer Fadenfisch *Trichogaster trichopterus sumatranus*

Aus Sumatra stammt diese Art, die bis 13 cm lang wird. Im Aquarium ist sie schon bei einer Länge von 7–8 cm geschlechtsreif.

Vor dem Ablaichen jagt das Männchen oft sehr wild das Weibchen, das schwer verletzt, hauptsächlich an der Afterflosse, werden kann, wenn nicht genügend Versteckmöglichkeiten im Becken vorhanden sind. Bei dieser Art kann man sagen, daß die Balz des Männchens immer sehr temperamentvoll ist. Die Zuchttemperatur sollte um 28° C liegen. Das Schaumnest baut das Männchen an der Wasseroberfläche. Es kann groß oder klein, flach oder hochgewölbt sein sowie mit Pflanzenresten unterstützt und befestigt werden. Beim Anlocken des Weibchens stupst das Männchen häufig die Partnerin an die After- bzw. Rückenflosse oder in die Körperseite. Der Laichverlauf ist mit dem des Mosaikfadenfisches identisch. Die eigentliche Paarung findet unter dem Schaumnest statt, dabei wird die Partnerin vom Männchen fest umklemmt.

Macropodus opercularis concolor — Zwei imponierende Männchen.

Hybride von *M. opercularis* und *M. o. concolor* — Blasses unscheinbares Tier.

Trichogaster leeri — Umklammern des Weibchens (oben).

Paarung (Mitte). Heruntersinken des Paares in der Eiwolke (unten).

Trichogaster trichopterus sumatranus —
Männchen baut das Schaumnest an der Wasseroberfläche auf (oben).
Das Männchen stupst das Weibchen an die Afterflosse (unten).

Trichogaster trichopterus sumatranus —
Das Männchen stupst das Weibchen an die Rückenflosse (oben).
Paarung (unten).

Trichopsis vittatus —
Das Männchen baut das Schaumnest unter dem Wasserpflanzenblatt (oben).
Umklammern des Weibchens (unten).

Trichopsis vittatus — Paarung (oben).
Erholung und Einsammeln der Eier (unten).

Die Brut schlüpft bei 28° C nach etwa 24 Stunden und schwimmt nach weiteren zwei Tagen frei. Sie muß zunächst mit kleinstem „Staubfutter" (Infusorien und Rädertierchen) angefüttert werden. Erst 4–7 Tage später kann man den Fischlein Cyclops- und Artemia-Nauplien anbieten. Rund tausend und mehr Jungfische pro Ablaichen sind nicht selten.

Knurrender Gurami *Trichopsis vittatus*

Ein großes Verbreitungsgebiet mit Gewässern in Thailand, Südvietnam, auf der Malaiischen Halbinsel und den Großen Sundainseln hat der bis 6,5 cm lang werdende Knurrende Gurami. Als günstige Zuchttemperatur notieren wir 28–30° C. Am besten laicht er im Frühjahr in einem gutbepflanzten und von der Sonne bestrahlten Aquarium ab. Das Schaumnest baut das Männchen unter den breiten Wasserpflanzenblättern, in einer Kokosnußschale oder im umgekippten Blumentopf auf.

Vor dem Ablaichen melden sich die Fische in der Balzzeit mit knurrenden Tönen. Diese Geräusche sind noch viele Meter vom Aquarium entfernt deutlich zu hören. Am Anfang „legt" sich das Weibchen oft im Wasser vor dem Männchen schräg auf eine Seite, so daß es dem Männchen gegenüber die Bauchpartie herausstreckt. Dadurch wird meistens dem Männchen die Aggressivität genommen und die Partnerin kann es mit Schwanzschlägen zur Paarung zwingen. Das Männchen drängt sich dann an die Seite des quer vor ihm stehenden Weibchens, umschlingt es und dreht es mit dem Bauch nach oben. Damit ist die Paarung beendet, und kurz danach sinken weißliche Eier zum Boden, die das Männchen sofort ins Maul saugt, zum Schaumnest transportiert und dort ablegt. Die Laichakte wiederholen sich so lange, bis das Weibchen keine reifen Eier mehr hat. Ab und zu beteiligt sich das Weibchen an der Brutpflege. Es ist aber besser, die Partnerin aus dem Zuchtbecken herauszufangen.

Die Brut schlüpft nach etwa 36 Stunden, und nach weiteren dreieinhalb Tagen schwimmt sie frei. Von Anfang an fressen die Jungfische nicht nur Infusorien und Rotatorien, sondern auch Cyclops- und Artemia-Nauplien sehr gierig. Aus einem Schaumnest kann man 500–600 Jungfische leicht großziehen.

Schallers Zwerggurami *Trichopsis schalleri*

Aus klaren, bräunlich gefärbten, teichähnlichen Gewässern aus der Umgebung von Nakhon Ratchasima (früher Korat) in Thailand stammt dieser Gurami, der höchstens 4 cm lang wird. Zum Bau des Schaumnestes benutzt er am liebsten breite Wasserpflanzenblätter oder andere höhlenartige Stellen. Ein laichreifes Weibchen bietet sich dem Männchen schon beim Nestbau offensichtlich an. Zu Beginn hört man das Männchen oft knurren. Während der Balz verfolgt das Männchen die Partnerin und stellt sich mit gespreizten Flossen senkrecht neben sie mit dem Kopf nach unten. Sie dreht sich dagegen mit dem Kopf nach oben und fächelt wie beim Breitseitskampf mit der Schwanzflosse. Der Laichakt findet nicht immer direkt unter dem Nest statt, denn das Weibchen scheint keine besondere Beziehung zum Schaumnest zu haben. Bei der Paarung nähert sich das Männchen dem quergestellten Weibchen, überschwimmt und umschlingt es und dreht dabei die Partnerin mit dem Bauch nach oben. Während dieser Handlung werden die weißlichen Eier und die Spermien ausgestoßen. Das Männchen sammelt die zu Boden sinkenden Eier ein. Am Anfang des Ablaichens hilft das Weibchen dem Männchen. Die Paarungen verlaufen in einer Zeitspanne von anderthalb bis zwei Stunden.

Die Brutpflege übernimmt dann das Männchen. Bei 28° C schlüpft die Brut nach etwa 36 Stunden, und nach weiteren zwei Tagen schwimmt sie frei. Sie frißt gleich mühelos und sehr willig Cyclops- und Artemia-Nauplien. Nach jedem Ablaichen kann man bis 400 Jungfische großziehen.

Zwerggurami *Trichopsis pumilus*

Der Zwerggurami ist in Südvietnam, Thailand und auf Sumatra zu Hause. Er ist der kleinste der drei erwähnten Arten und wird nur 3,5 cm lang. Männchen und Weibchen unterscheiden sich nur wenig voneinander.

Das Laichverhalten ist identisch mit dem der vorigen Art. Er baut ein flaches Schaumnest oder in der Form von kleinen Kugeln an der Unterseite eines breiteren Wasserpflanzenblattes oder an einer anderen höhlenartigen Stelle, aber immer nur 10–15 cm oberhalb des

Trichopsis schalleri — Das Weibchen bietet sich dem Männchen an (oben).
Eier werden vom Weibchen eingesammelt (unten).

Trichopsis schalleri — Das Männchen mit geschlüpften Jungtieren (oben).
Trichopsis pumilus —
Laichwilliges Paar, oben Männchen, unten Weibchen (unten).

Bodengrundes, niemals nahe der Wasseroberfläche. Bei unterernährten Fischen ist die Anzahl der Eier klein, es sind dann nur 50–70 Stück. Vollausgewachsene Fische geben bei jedem Ablaichen 350–400 Eier. Bei mehreren Paaren konnten wir sogar beobachten, daß sie mehrmals nacheinander in Abständen von 4–7 Tagen abgelaicht haben, so daß um die Eltern herum zur Zeit der letzten Eigelege verschieden große Jungtiere schwammen. Besser ist es aber, das Zuchtpaar nach dem Freischwimmen der Jungfische herauszufangen.

Aus den Eiern schlüpft die Brut bei 28° C nach etwa 36 Stunden, und nach zwei weiteren Tagen schwimmt sie frei. Die Aufzucht mit Cyclops- und Artemia-Nauplien ist einfach, und die Jungfische wachsen sehr schnell. Meistens sind sie schon im Alter von 8–10 Wochen geschlechtsreif und fähig, die Erhaltung der Art in unseren Aquarien mit weiteren Nachkommen zu sichern.

Register nach wissenschaftlichen Namen

Acanthophthalmus myersi 100
Aequidens curviceps 146
– *itanyi* 146
– *maronii* 150
– *pulcher* 151
Alestidae 35
Anabantidae 190
Ancistrus multispinnis 106
Aphyocharax anisitsi 10, 39
– *rathbuni* 24, 40
Aphyosemion australe 114
– *filamentosum* 114
– *gardneri* 114
– *g.* „Akure" 114
– *geryi* 15
– *sjoestedti* 117
Apistogramma agassizi 151
– *borellii* 156
– *reitzigi* 156
Aplocheilus lineatus 119
– *panchax* 118
Atherinidae 137
Austrofundulus transilis 121

Barbodes ablabes 74
– *fasciatus* 76
– *pentazona* 78
Bedotia geayi 137
Belonesox belizanus 136
Belontiidae 190
Betta imbellis 190
– *splendens* 191
Brachydanio albolineatus 93
– *rerio* 96
Brycinus longipinnis 35

Callichthyidae 102
Capoeta arulia 78
– *oligolepis* 78
– *„schuberti"* 80
– *semifasciolata* 80
– *tetrazona* 15, 82
Garassius auratus 90
– *a.* var. *bicaudatus* 90
Characidae 38
Cheirodon (Lamprocheirodon) axelrodi 10, 12, 15, 16, 46
Chromidotilapia guentheri 177
Cichlasoma festivum 157
– *meeki* 157
– *nigrofasciatum* 160
– *octofasciatum* 163
– *severum* 164
– *spilurum* 161
Cichlidae 145
Cobitidae 100
Copeina guttata 62
Copella arnoldi 23, 64
Corydoras schultzei 103
Cubanichthys cubensis 123
Cynolebias nigripinnis 126
Cyprinidae 72
Cyprinodentidae 112

Danio aequipinnatus 96
Dasyloricaria filamentosa 107

Epiplatys annulatus 122
Etroplus maculatus 189

Grossolepis incisus 139

Haplochromis burtoni 174
Helostomatidae 190
Hemichromis bimaculatus 176
Hemigrammus erythrozonus 48
– *hyanuary* 10
– *ocellifer falsus* 50
Herotilapia multispinosa 164
Hoplosternum thoracatum 102
Hyphessobrycon ornatus 54
– *serpae* 51

Inpaichthys kerri 12, 15, 58

Lebiasinidae 62
Leucaspius delineatus 93
Loricariidae 106

Macropodus opercularis concolor 178
– *o. opercularis* 197
Moenkhausia pittieri 55

Nandidae 141
Nannacara anomala 166
Nannobrycon eques 69
Nannochromis nudiceps 177
– *parilius* 177
Nannostomus beckfordi 68
– *b. aripirangensis* 68
– *marginatus* 66
– *trifasciatus* 69
Nematobrycon palmeri 16, 39, 56
Nothobranchius guentheri 126
– *korthausae* 127
– *taeniopygus* 127

Osphronemidae 190

Pachypanchax playfairi 127
Papiliochromis ramirezi 168
Paracheirodon innesi 11, 18, 43
Pelvicachromis subocellatus 179
Phenacogrammus interruptus 15, 38
Poecilia reticulata 133
Poeciliidae 132
Polycentrus schomburgki 143
Pseudocrenilabrus multicolor 181
– *philander dispersus* 183
Pseudosphromenus cupanus 195
Pseudotropheus fuscus 185
– *zebra* 183
– *zebra* „Bright Blue“ 185
Pterophyllum scalare 169
Puntius conchonius 84
– *filamentosus* 85
– *nigrofasciatus* 85
– *sp.* 90

Rasbora daniconius 98
– *heteromorpha* 98
Rivulus cylindraceus 129
– *holmiae* 129
– *milesi* 131

Steatocranus casuarius 187
Symphysodon aequifasciatus aequifasciatus 15
– *a. axelrodi* 171
– *a. haraldi* 170
– *discus* 15
Syngnathidae 107
Singnathus pulchellus 110

Thayeria boehlkei 61
Thysia ansorgii 187
Trichogaster leeri 198
– *trichopterus sumatranus* 199
Trichopsis pumilus 207
– *schalleri* 207
– *vittatus* 206

Register nach deutschen Bezeichnungen

Afrikanische Buntbarsche 174
Afrikanische Längsstreifenbarbe 74
Ährenfische 137
Aripiranga – Ziersalmler 68
Augenfleckbuntbarsch 164, 179

Blauer Diskus 170
Blauer Fadenfisch 199
Blauer Kongocichlide 177
Blauer Njassa-Buntbarsch 183
Blauer Prachtfundulus 126
Blauer Prachtkärpfling 117
Blaumaul – Maulbrüter 174
Blaupunkt-Buntbarsch 151
Brauner Diskus 171
Borellis Zwergbuntbarsch 156
Borstiger Antennenwels 106
Brillantsalmler 55
Buntbarsche 145
Bunter Prachtkärpfling 114

Delphinbuntbarsch 146
Dorngrundeln 100
Dreibandbarbe 78
Dreibinden-Ziersalmler 69
Dunkler Njassa-Buntbarsch 185

Echte Afrikanische Salmler 35
Echte Amerikanische Salmler 38
Echter Diskus 171
Eilandbarbe 78
Eierlegende Zahnkarpfen 112

Faden-Prachtkärpfling 114
Feuerbuntbarsch 157
Feuermaulbuntbarsch 157
Feuerschwanz-Bachling 131
Flaggenbuntbarsch 157
Fleckensalmler 50
Forellensalmler 62
Fünffleckbuntbarsch 187
Fünfgürtelbarbe 78

Gemeiner Hechtling 118
Gestreckter Schwielenwels 102
Gestreifter Zwergbuntbarsch 166
Glühlichtsalmler 48
Glühkohlenbarbe 76
Goldgrüner Prachtfundulus 127
Goldschwanz-Rivulus 131
Goldstreifen-Panzerwels 103
Goldziersalmler 68
Großflosser 197
Grüner Diskus 170
Grüner Neon 10
Grünflossenbuntbarsch 160
Guayana-Bachling 129
Günthers Prachtbarsch 177
Guppy 133

Harnischwelse 106
Hechtkärpfling 136
Hexenwels 107

Itany-Buntbarsch 146

Kaisertetra 39, 56
Kammschuppen-Regenbogenfisch 139
Kampffisch 191
Kap Lopez 114
Karpfenfische 72
Keilfleckbarbe 98
Kleine Süßwassernadel 110
Kleiner Maulbrüter 181
Knurrender Gurami 206
Kongosalmler 38
Königssalmler 12, 58
Kuba-Bachling 129
Kubakärpfling 123
Kupfermaulbrüter 183

Labyrinthfische 190
Lachsroter Regenbogenfisch 139
Langflossensalmler 35
Längsbandziersalmler 68
Lebendgebärende Zahnkarpfen 132
Löwenkopfcichlide 187

Malabarbärbling 96
Makropode 197
Maroni-Buntbarsch 150
Messingbarbe 80
Millionenfisch 133
Mittelamerikanische Buntbarsche 146
Moderlieschen 93
Moosgrünbarbe 82
Mosaikfadenfisch 198

Nanderbarsche 141
Neontetra 11, 18, 43
Nigeria-Prachtkärpfling 114
Njassa-Buntbarsch 183

Odessa-Barbe 90

Panzerwelse 102
Paradiesfisch 197
Pompadour-Diskus 170
Prachtbarbe 84
Punktierter Buntbarsch 189
Purpurkopfbarbe 85

Rathbuns Rotflossensalmler 40
Rachows Prachtfundulus 127
Regenbogencichlide 164
Rehbrauner Schwielenwels 102
Reitzigs Zwergbuntbarsch 156
Ringelhechtling 122
Roter Buntbarsch 176
Roter Diskus 170
Roter Neon 10, 12, 46
Rotflossensalmler 10, 39
Rotgeschwänzter Ährenfisch 137

Schallers Zwerggurami 207
Scheuer Kampffisch 190
Schillerbärbling 93
Schlankbärbling 98
Schlanksalmler 62
Schleierschwanz 90
Schmerlen 100
Schmetterlingsbuntbarsch 168
Schmucksalmler 54
Schrägschwimmer 61
Schwanzfleckbuntbarsch 161
Schwarzer Makropode 198
Schwarzer Spitzschwanzmakropode 195
Schwarzfleckbarbe 85
Schwarzflossiger Fächerfisch 126

Schwarzgebänderter
Buntbarsch 163
Schwielenwelse 102
Seenadeln 107
Segelflosser 169
Serpasalmler 51
Siam-Dornauge 100
Skalar 169
Spitzmaul-Ziersalmler 69
Spritzsalmler 23, 64
Streifenhechtling 119
Südamerikanische
Buntbarsche 146
Südamerikanischer
Vielstachler 143
Südasiatische Buntbarsche 189
Sumatrabarbe 82

Trauermantelsalmler 50
Tüpfelbuntbarsch 146
Tüpfelhechtling 127

Venezuelischer Kärpfling 121
Viergürtelbarbe 82

Zebrabärbling 96
Zwergbuntbarsch 151
Zwerggurami 207
Zwerg-Ziersalmler 66